세상을 바꾼 착한 부자들

글 서지원, 정우진, 조선학, 유시나 | **그림** 박정인, 박연옥, 안준석, 성낙진 | **사진** shutterstock, 연합뉴스, 이용한
펴낸날 2012년 3월 20일 초판 1쇄, 2015년 4월 10일 초판 4쇄 | 2021년 6월 14일 개정판 2쇄
펴낸이 김상수 | **기획·편집** 서유진, 권정화, 조유진, 이성령 | **디자인** 문정선, 조은영 | **영업·마케팅** 황형석, 임혜은
펴낸곳 루크하우스 | **주소** 서울시 서초구 사임당로 50 해양빌딩 504호 | **전화** 02)468-5057 | **팩스** 02)468-5051
출판등록 2010년 12월 15일 제2010-59호
www.lukhouse.com   cafe.naver.com/lukhouse

저작권자의 동의 없이 무단 복제 및 전재를 금합니다.

ISBN 979-11-5568-320-0 73330

※ 잘못된 책은 구입처에서 바꾸어 드립니다.
※ 값은 뒤표지에 있습니다.

 상상의집은 (주)루크하우스의 아동출판 브랜드입니다.

함께 사는
세상을 위한
'나눔'

세상을 바꾼 착한 부자들

상상의집

머리말

노블레스 오블리주란 말을 들어본 적이 있나요? 노블레스(Noblesse)는 '명예'라는 뜻이고, 오블리주(oblige)는 '의무'라는 뜻으로 노블레스 오블리주란 사회적으로 높은 명예에 걸맞은 도덕적 의무를 말하지요. 사회 지도층이면 반드시 지켜야 할 책임과 의무가 있다는 뜻입니다. 노블레스 오블리주의 기원은 고대 로마 시대까지 거슬러 올라가요. 초기 로마 시대에는 왕과 귀족들이 스스로 재산을 국가에 바쳤을 뿐만 아니라 전쟁이 일어나면 앞장서서 전쟁터로 달려 나갔어요. 이처럼 국가가 위험에 처할 때마다 발 벗고 나서는 로마 귀족들의 솔선수범은 시민들의 귀감이 되었고, 로마가 대제국으로 발돋움하는 발판이 되었습니다.

〈세상을 바꾼 착한 부자들 – 함께 사는 세상을 위한 '나눔'〉에서는 노블레스 오블리주를 실천한 동서고금의 착한 부자들의 이야기가 감동적으로 펼쳐집니다. '부자'는 재산이 많은 사람을 말해요. 하지만 꼭 돈이 아니더라도 재능이 뛰어나거나 학식이 풍부한 사람, 권력을 많이 가진 사람, 지위가 높은 사람도 넓은 의미의 부자라고 할 수 있지요. 그런 의미에서 이 책은 진정한 글로벌 리더가 되기 위해 갖추어야 할 도덕적 책임과 의무에 대해 깊이 생각해 볼 수 있습니다.

전쟁 때 도시를 구하기 위해 자신의 목숨을 내놓은 용감한 지도자, 마을 사람들이 굶주리지 않도록 항상 뒤주의 문을 열어 놓은 착한 부자, 나라의 독립을 위해 전 재산과 목숨을 바친 정치가, 99%의 백성을 위해 1%의 권력층과 맞선 왕. 이들은 사회적인 책임감을 갖고 자신의 것을 적극적으로 나누었고, 그래서 세상은 밝아졌습니다.

나눔은 '함께 살아야 모두 살 수 있다'는 공존의 깨달음이며, '함께 살아야 즐겁다'는 행복한 가치예요. 글로벌 리더를 꿈꾸기 전에, 세계 시민의 한 사람으로 지구촌이 겪고 있는 다양한 문제를 함께 나누는 자세가 필요합니다. 세상을 바꾸는 것은 결코 돈이나 지식, 명예, 지위, 권력이 아니라 따뜻한 마음이니까요. 또 이러한 마음을 나누기 위해 돈이나 지식, 명예, 지위, 권력을 행사할 수 있다면 더욱 존경받는 글로벌 리더가 되겠지요?

우리의 작은 나눔이 모이면 세상은 더욱 아름답고 행복한 곳이 될 거예요. 부디 이 책을 통해 즐거운 나눔의 문화를 창조하고 공존의 가치와 행복의 의미를 깨닫기를 바랍니다. 세상을 바꾸는 위대한 글로벌 리더는 '나눔'에서 시작한다는 사실, 잊지 마세요!

첫 번째 나눔 이야기

노블레스 오블리주를 실천한 〈칼레의 시민〉

깊이 읽기 _ 노블레스 오블리주가 뭘까?
또 다른 나눔 이야기 _ 타이태닉호의 노블레스 오블리주

두 번째 나눔 이야기

구멍 뚫린 항아리 〈타인능해〉

깊이 읽기 _ 조상들의 나누는 마음, 타인능해
또 다른 나눔 이야기 _ 먹을거리를 나누어요, 푸드뱅크

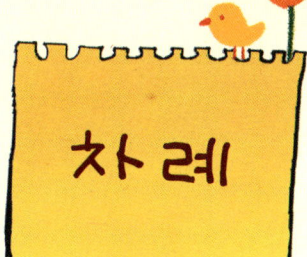

차례

세 번째 나눔 이야기

내 것을 버려 모두를 구한 독립운동가, 이회영

깊이 읽기 _ 사회 지도층의 바람직한 역할
또 다른 나눔 이야기 _ 1%에 맞서 99%의 나라를 꿈꾼 세종대왕

네 번째 나눔 이야기

어린이의 행복 권리 〈세이브더칠드런〉

깊이 읽기 _ 사랑을 나누는 다양한 기부 단체들
또 다른 나눔 이야기 _ 내가 할 수 있는 '1%의 나눔'

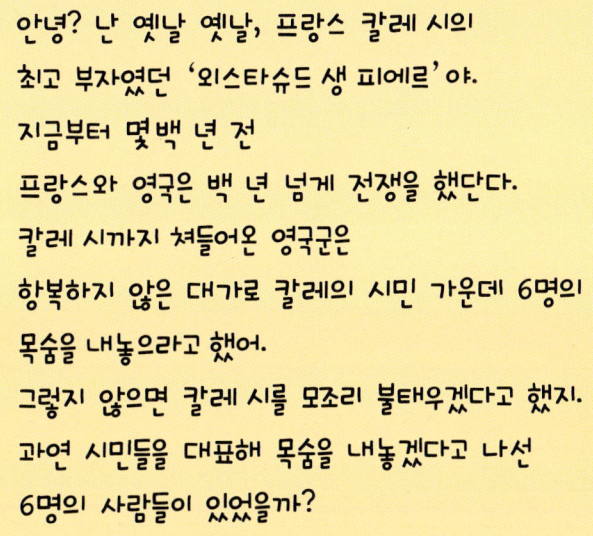

노블레스 오블리주*를 실천한 〈칼레의 시민〉

안녕? 난 옛날 옛날, 프랑스 칼레 시의 최고 부자였던 '외스타슈드 생 피에르'야. 지금부터 몇백 년 전 프랑스와 영국은 백 년 넘게 전쟁을 했단다. 칼레 시까지 쳐들어온 영국군은 항복하지 않은 대가로 칼레의 시민 가운데 6명의 목숨을 내놓으라고 했어. 그렇지 않으면 칼레 시를 모조리 불태우겠다고 했지. 과연 시민들을 대표해 목숨을 내놓겠다고 나선 6명의 사람들이 있었을까?

• 노블레스 오블리주 : 사회적 지위에 걸맞는 도덕적 의무를 뜻함.

할아버지의 보물

"할아버지, 루이즈 왔어요!"

햇살이 맑게 내리비치는 어느 토요일 오후, 루이즈는 작은 바구니를 들고 옆집 할아버지를 찾아왔어요. 엄마가 맛있는 사과 파이를 구워 주셨거든요. 루이즈는 갓 구운 사과 파이를 옆집 할아버지에게 꼭 나눠 드리고 싶었어요.

그런데 할아버지가 어디 가셨나 봐요. 루이즈가 문을 똑똑 두드려도, 소리 높여 할아버지를 불러도 안에서 아무런 기척이 들리지 않지 뭐예요. 할아버지는 루이즈가 올 때마다 무척 반가워하시며 문을 열어 주시곤 했는데요.

"어? 할아버지가 안 계신가 봐. 어디 가셨을 리 없는데……."

루이즈는 고개를 갸우뚱갸우뚱했어요. 할아버지는 나이가 많으셔서 평소 외출을 잘 안 하셨거든요. 그래서 늘 사람들이 할아버지를 찾아오곤 했지요.
　루이즈는 문 앞에 쪼그려 앉았어요. 분명 할아버지는 지금 무슨 일을 하고 계실 거예요. 어쩌면 뒤편에 있는 작업실에서 한참 일하고 계실지도 모르고요. 잠깐만 기다리면 곧 할아버지가 나타나 루이즈를 반겨 주실 거예요.
　루이즈는 무릎을 가지런히 모으고 바구니를 올려놓았어요. 바구니에서 고소하고 달콤한 사과 파이 냄새가 솔솔 풍겼어요. 루이즈는 저도 모르게 군침을 꼴깍!
　"아이, 사과 파이가 다 식겠네. 따뜻할 때 드시라고 얼른 가져왔는데……. 할아버지, 빨리 오세요!"

　그때였어요.
　"루이즈? 왜 거기 앉아 있니?"
　할아버지가 집 뒤편에서 돌아 나오시지 않겠어요? 루이즈는 자리에서 폴짝 일어나 할아버지에게 쪼르르 달려갔지요.

"할아버지! 우아, 역시 금방 돌아오실 줄 알았다니까. 자, 여기 선물이에요. 엄마가 막 구운 아주 맛있는 사과 파이예요. 할아버지 드리려고 루이즈가 가지고 왔지요. 그런데 대체 어디 갔다 오셨어요? 할아버지가 집에 안 계셔서 얼마나 걱정했다고요. 우리 엄마 특제 사과 파이는 식기 전에 먹어야 진짜 맛있거든요."

루이즈는 쉴 새 없이 쫑알대며 바구니를 내밀었어요. 얼굴에 한가득 함박웃음을 지으면서요. 그 모습을 본 할아버지는 껄껄 너털웃음을 터트렸지요.

"그래, 그래. 지금까지 이 할아비를 기다렸구나. 고맙다, 루이즈야."

할아버지는 바구니를 건네받고 루이즈의 머리를 부드럽게 쓰다듬어 주셨어요.

할아버지에게 칭찬을 받자 루이즈는 기분이 아주 좋아졌지요. '역시 기다리기를 잘했어!' 스스로 뿌듯하기도 했고요.

"할아버지, 우리 엄마가 구운 사과 파이는 진짜 맛있어요. 얼른 드셔 보세요!"

"그래, 정말 맛있는 냄새가 나는구나. 루이즈에게 고마운 선물을 받았으니 할아비도 답례를 하고 싶은데……. 아, 마침 얼마 전에 아주 맛 좋은 차를 선물 받았지. 이 사과 파이랑 정말 잘 어울리겠구나."

할아버지는 빙그레 웃으며 말씀하셨어요.

"루이즈야, 할아비와 함께 사과 파이랑 차를 먹으련?"

"어머, 진짜요? 좋아요!"

루이즈가 손뼉을 치며 좋아했어요. 그러자 할아버지는 허허 웃으며 루이즈의 머리를 또다시 쓰다듬어 주셨지요.

"그래, 오늘은 할아비랑 티타임을 즐기자꾸나. 자, 이리 따라오렴."

"어? 할아버지, 집으로 안 들어가세요?"

"오늘은 할아버지의 작업실로 가자. 거기에 선물 받은 차를 두었거든. 그리고 루이즈에게 꼭 보여 주고 싶은 것도 있단다."

할아버지의 말씀에 루이즈는 고개를 갸웃했어요.

"뭔데요?"

"응. 할아버지의 보물."

"보물이라고요?"

루이즈는 눈이 휘둥그레졌어요. 보물이라니요, 번쩍번쩍 눈부신 금화가 잔뜩 들어 있는 궤짝일까요, 휘황찬란한 다이아몬드와 사파이어, 에메랄드 보석 단지일까요? 아니면 스스로 연주하는 하프? 하늘을 나는 양탄자?

루이즈는 궁금하기도 하고, 설레기도 해서 가슴이 두근두근 뛰었어요. 할아버지는 그런 루이즈의 마음을 아는지 모르는지 빙그레 웃기만 하셨지요.

할아버지의 작업실은 집 바로 뒤편에 있었어요. 작업실은 아주 크고, 두꺼운 나무판자로 지어져 매우 튼튼해 보였고요.

그런데 이상한 점이 있었어요. 벽에 창문이 하나도 없어서 안이 전혀 들여다보이지 않지 뭐예요.

루이즈는 고개를 갸웃갸웃하며 물었지요.

"할아버지, 왜 창문이 하나도 없어요? 그러면 엄청 캄캄할 텐데요."

할아버지는 껄껄 웃으며 손을 내저었어요.

"오, 그렇지 않아. 아주 크고 넓은 창문이 있지. 아마 들어와서 보면, 틀림없이 깜짝 놀랄 거야."

말을 마친 할아버지는 커다란 나무문의 손잡이를 잡고 열었어요.

삐거덕.

할아버지가 문을 열자 이게 웬일이에요! 정말 작업실 안이 환한 빛으로 가득하지 않겠어요? 할아버지 뒤에 서 있던 루이즈는 깜짝 놀라 눈이 동그래졌어요.

"우아, 진짜다. 진짜 밝다! 할아버지, 신기해요!"

할아버지는 웃으며 루이즈를 작업실 안으로 안내했지요.

"자, 여기가 할아버지의 아주 소중한 작업실이란다."

작업실 안은 루이즈네 정원만큼 넓고, 건물 안이라고 믿어지지 않을 만큼 밝았어요. 그리고 벽에는 창문이 하나도 없었지만 할아버지 말씀대로 어디선가 환한 빛이 쏟아지고 있었어요. 바로 루이즈의 머리 위, 천정이었죠!

작업실 천정이 통째로 유리창이었어요. 투명한 유리창을 통해 밝고 따사로운 오후의 햇살이 흠뻑 내리비치고 있었지요. 널찍한 나무 책상 위에도, 뽀얀 먼지가 내려앉은 책장에도, 닳아서 반질반질 윤이 나는 마룻바닥에도, 아무렇게나 펼쳐진 종잇장들에도, 여기저기 놓인 조각칼과 나무토막, 커다란 돌덩이 등에도 부드러운 햇살이 스며들어 무척 포근하고 아늑해 보였답니다.

할아버지는 루이즈에게 의자를 내어 주며 말씀하셨어요.

"햇빛은 아주 훌륭한 조명이란다. 이 좋은 햇빛 아래 귀여운 꼬마 숙녀와 함께 티타임을 즐길 수 있다니 할아비는 아주 행복하구나."

할아버지는 탁자 위에 루이즈가 가져 온 사과 파이를 꺼내 놓고, 물을 끓이기 시작했어요. 물이 보글보글 끓자 예쁜 찻주전자에 찻잎을 넣고 뜨거운 물을 부었지요. 그리고 잠깐 기다렸다가 찻잔에 차를 졸졸 따랐어요.

"자, 맛보렴. 향이 아주 좋단다."

루이즈는 할아버지가 내민 찻잔을 받아들었어요. 알맞게 우러난 찻물은 색이 곱고 향기가 좋았어요. 루이즈는 마치 자기가 어른이 된 듯 우쭐한 기분이 들었어요. 눈을 갸름하게 뜨고 우아하게 찻잔을 기울여 한 모금 마셨지요. 떫은 맛 사이로 그윽한 차 향기가 물씬 피어올랐어요.

"어떠냐? 쓰지는 않니?"

할아버지가 묻자 루이즈는 숙녀답게 살며시 찻잔을 내려놓고 생긋 웃었어요.

"조금 떨떠름한데요, 그래도 향기가 정말 좋아요!"

"그래, 사과 파이랑 먹으면 더 맛있을 게다. 어서 먹으렴."

"네, 잘 먹겠습니다."

루이즈는 할아버지가 먹기 좋게 잘라 놓은 사과 파이 한 조각을 냉큼 집어 들어서 입속에 쏙! 사과 파이를 오물오물 씹으며 작업실 안을 이리저리 살펴보았지요.

'할아버지가 말씀하신 보물은 대체 어디에 있을까?'

하지만 아무리 두리번두리번 살펴도 보물처럼 보이는 물건이 하나도 없지 않겠어요? 반짝반짝 빛나는 물건은커녕 처음 보거나 희

한하게 생긴 물건조차 전혀 보이지 않았어요. 끝내 루이즈는 참다못해 물었어요.

"할아버지, 그런데 보물은 어디에 있어요? 뭔지 궁금해요. 보여 주세요!"

그러자 할아버지는 마시던 찻잔을 내려놓고 자리에서 쓱 일어났어요.

"루이즈, 이 보물은 정말 아무에게나 보여 주지 않는단다. 루이즈니까 특별히 보여 주마."

할아버지는 구석으로 가더니 검은색 천으로 덮여 있는 물건 앞에 섰어요. 그리고 조심스레 천을 걷어 내기 시작했지요. 루이즈는 기대에 부풀어 가슴이 두근두근.

과연 어떤 보물이 나올까요?

"애걔걔, 할아버지 그게 진짜 보물이에요?"

루이즈는 실망스러운 표정으로 물었어요. 그래요, 할아버지의 보물은 진귀한 금은보화도 아니고, 황금알을 낳는 거위도 아닌……. 바로 검은빛이 나는 조각상이었답니다. 여섯 사람이 저마다 어둡고 슬픈 얼굴을 하고, 괴로운 듯 몸을 비틀며 서 있는 모습이었지요. 그리고 보면 볼수록 오싹하고 무시무시했어요. 루이즈는 자리에서 일어나 할아버지 등 뒤로 가서 쏙 숨었어요.

"할아버지, 저 조각상 이상해요. 너무 무서워요."

그러자 할아버지가 부드러운 목소리로 말씀하셨어요.

"무서워하지 말렴. 이 사람들은 도시를 구한 용감한 영웅들이란다."

"도시를 구한 용감한 영웅들이오?"

"그래, 바로 〈칼레의 시민들〉이지."

할아버지는 몸을 돌려 루이즈를 바라보았어요. 그리고 루이즈의 머리를 가만히 쓰다듬으며 천천히 말을 이었어요.

"루이즈야, '노블레스 오블리주'라는 말을 들어 봤니?"

"아니요."

"노블레스 오블리주란 귀족이나 정치가, 부자들처럼 사회 상류층이 솔선수범해서 도덕적 책임을 지는 희생정신이란다."

"솔선수범? 희생정신? 할아버지, 너무 어려워요!"

루이즈는 할아버지가 하시는 말씀이 하나도 이해되지 않았어요. 루이즈가 고개를 절레절레 저으며 모르겠다는 표정을 짓자 할아버지가 빙그레 웃음을 지었어요.

"루이즈야, 할아비가 옛날이야기를 하나 해 주마. 그러면 이 〈칼레의 시민들〉이 얼마나 용감한 사람들인지, '노블레스 오블리주'가 무엇인지 알 수 있을 게야. 어때, 한번 들어 보겠니?"

루이즈는 커다란 눈을 깜박이며 고개를 끄덕였어요.

"네!"

칼레의 시민들

 지금으로부터 몇백 년 전에 있었던 일이란다. 14세기, 프랑스와 영국은 '백년전쟁'을 벌이고 있었어. 백년전쟁이란 프랑스와 영국이 백 년 넘게 싸운 전쟁이야. 프랑스 왕위 계승 문제를 계기로 휴전과 전쟁을 되풀이하며 1337년부터 1453년까지 무려 116년이나 싸웠단다.
 이 백년전쟁 때, 영국군은 프랑스의 작은 항구 도시 칼레 시에 쳐들어왔어. 칼레의 시민들은 하나로 똘똘 뭉쳐 끝까지 영국군에 맞서 용감히 싸웠지. 하지만 칼레 시를 구해 줄 지원군이 오지 않아 결국 1347년, 영국군에 무릎 꿇고 말았단다.
 하지만 영국의 왕이었던 에드워드 3세는 칼레의 시민들을 쉽게 용서해 주지 않았어. 아니, 오히려 이렇게 으름장을 놓았지 뭐니.

"칼레의 시민들은 감히 영국에 항복하지 않고 오랫동안 저항한 죄의 대가를 반드시 치러야 한다. 내일 아침 일찍, 칼레의 시민 가운데 6명이 목에 밧줄을 매고 맨발로 영국군 진영으로 걸어오라. 그 6명이 칼레 시를 대표하여 도시의 열쇠를 넘겨 주고 처형당한다면, 나머지 칼레의 시민들은 살려 주겠다."

에드워드 3세는 여기서 그치지 않고, 무시무시한 위협까지 덧붙였지.

"만약 6명이 처형당하지 않는다면, 칼레 시를 모조리 불태우고 모든 칼레의 시민들을 죽이리라!"

아, 이를 어쩌면 좋을까. 마른하늘에 날벼락과도 같은 소리였지. 6명이 책임을 지고 목숨을 내놓지 않으면 모든 칼레의 시민이 죽임을 당할 처지에 놓인 거야. 6명이 죽느냐, 모두가 죽느냐……. 답은 뻔했어. 누가 봐도 소수가 희생하여 다수가 살아나는 쪽을 선택할 수밖에 없었겠지. 그러나 문제는 과연 어떤 사람들이 그 6명이 되느냐는 거였어.

사람들은 아무 말도 하지 못하고 서로 눈치만 살살 살폈어. 그럴 만도 했지. 누군들 하나밖에 없는 목숨을 쉬이 내놓을 수 있겠니. 과연 어느 누가 살고 싶지 않겠니. 하지만 그렇다고 다른 사람더러 대신 죽으라고 떠밀 수도 없고……. 칼레의 시민은 이러지도 못하고, 저러지도 못하는 진퇴양난에 빠지고 말았어.

바로 그때였어.

"내가 가겠소."

한 사람이 앞으로 나섰어. 모든 칼레의 시민들이 깜짝 놀라 그를 바라보았지. 그는 칼레 시에서 가장 부유한 외스타슈드 생 피에르였단다.

외스타슈드는 사람들을 둘러보며 당당한 목소리로 말했어.

"바로 지금이 진정 칼레 시를 지켜야 할 때이오. 자, 우리 모두 용기를 냅시다. 우리는 자랑스러운 칼레의 시민이지 않소?"

외스타슈드가 말하자마자 칼레의 시장 장데르가 고개를 끄덕이며 맞장구를 쳤지.

"옳은 말이오. 나도 함께하겠소."

그러자 역시 칼레에서 내로라하는 부자 상인이 손을 들었지.

"나도 가겠소."

부자 상인의 아들 또한 아버지를 따라 나섰어.

"저도 가겠습니다. 칼레의 시민을 대표하여 나서는 아버지의 숭고한 뜻을 아들인 제가 따르지 않으면 누가 따르겠습니까?"

무려 네 사람이나 스스로 목숨을 걸고 칼레의 시민들을 지키겠다고 한 거야. 사람들은 모두 눈시울이 붉어졌어. 나지막이 흐느끼는 소리도 들렸지. 외스타슈드가 사람들을 향해 다시 한 번 말했어.

"자, 용감한 칼레의 시민들이여. 용기를 내시오."

그러자 갑자기 세 사람이나 잇달아 손을 들며 나서지 않겠니?

"나도 가겠소. 칼레를 지키는 일에 빠질 수 없지."

"나도 갈 테요."

"나 또한 함께하겠소."

그들은 아무도 강요하지 않았는데도 기꺼이 자신의 목숨을 내놓은 네 사람에게 감명을 받아 용기를 냈던 거야. 그래서 모두 7명이나 처형을 자원하게 됐지. 에드워드 3세가 이야기한 6명보다 1명이 많아진 거야.

시장 장데르가 고개를 갸웃하며 말했어.

"7명이 모두 죽을 필요는 없소. 1명을 빼야 하는데……. 어떻게 해야 좋겠소?"

어떤 사람이 말했지.

"제비를 뽑아서 정합시다."

하지만 외스타슈드가 강하게 반대했단다.

"그건 좋은 방법이 아니오. 제비를 뽑으면 누구나 자기가 살아나기를 바라게 될 테고, 고귀한 용기가 사라지게 될 것이오."

"그러면 어떻게 하란 말입니까?"

"내일 아침 마을 광장에 일찍 나오는 순서대로 정합시다. 가장 늦게 나오는 사람을 빼고 6명이 처형장으로 가는 거요."

그러자 누군가가 물었어.

"그럼 저마다 늦게 나오려고 하지 않을까요?"

외스타슈드는 고개를 절레절레 저었어.

"명예를 소중히 여기는 칼레의 시민들은 그런 비겁한 행동을 하지 않는다고 나는 믿소. 여러분은 믿지 않소?"

외스타슈드의 말에 모두 한목소리로 외쳤지.

"믿소!"

"용기와 명예를 위하여!"

외스타슈드는 부드러운 미소를 지으며 말했단다.

"오늘 밤은 모두 집에 돌아가서 자고, 내일 아침에 마을 광장에 모입시다. 용감한 칼레의 시민들이여, 우리가 우리 스스로 칼레 시와 우리의 명예를 지킵시다."

사람들은 모두 고개를 끄덕이며 집으로 돌아갔어. 그리고 길고 긴 밤이 지나……, 이튿날 날이 밝았지. 그런데 이게 웬일이야. 다음 날 아침, 모든 칼레의 시민이 마을 광장에 모였는데 정작 외스타슈드가 나오지 않았지 뭐니? 누군가 불만스러운 목소리로 말했지.

"막상 아침이 되니까 겁이 나서 꽁무니를 빼다니, 정말 비겁해!"

"그래, 맞아. 어떻게 이럴 수가 있어?"

"겁쟁이!"

하지만 고개를 절레절레 젓는 사람들도 있었어.

"아니오. 그럴 리가 없소. 외스타슈드가 한 입으로 두말하는 모습을 본 적 있소? 분명 무슨 이유가 있을 것이오."

"그렇소. 우리 모두 외스타슈드의 집에 가서 무슨 일이 있는지 확인해 봅시다."

사람들은 외스타슈드의 집으로 우르르 몰려갔어. 그런데 좀 이상했어. 집 안에 불이 다 꺼져 있고, 쥐 죽은 듯 조용했지 뭐야. 사람들은 고개를 갸웃거리며 외스타슈드를 불렀어.

"외스타슈드! 우리가 왔소. 외스타슈드, 안에 계시오?"

사람들이 외스타슈드를 부르며 문을 열었지. 그랬더니 이게 웬일이야.

"으악! 외스타슈드!"

"이럴 수가!"

세상에나, 외스타슈드가 싸늘한 시체로 변해 있지 않겠니? 외스타슈드는 지난밤에 스스로 목숨을 끊은 것이었어. 사람들은 넋을 잃고 멍하니 죽은 외스타슈드를 바라보았지. 몇몇은 풀썩 주저앉아 울음을 터트렸고, 몇몇은 입술을 꾹 다물고 주먹을 부르르 떨었어. 죽은 외스타슈드의 얼굴이 마치 이렇게 말하는 것 같았거든.

용감한 칼레의 시민들이여, 용기를 잃지 말고 당당히 나아가시오.
그대들의 죽음은 칼레의 시민들과 명예를 지키는 고귀한 희생이오.

그래, 외스타슈드는 일곱 사람 가운데 한 사람이라도 겁먹고 물러서지 않도록 용기를 북돋아 주기 위해 스스로 목숨을 끊은 거야.
외스타슈드가 앞장서서 희생한 덕분이었을까. 남은 여섯 사람의 얼굴에 굳은 각오가 섰지. 그들은 주먹을 불끈 쥐고 자신의 목에 밧줄을 감았어. 그리고 영국군 진영을 향해 한 걸음 한 걸음 나아갔어. 바로 앞에서 자신들을 기다리는 죽음을 향해 걸어가는 그 길이 얼마나 괴롭고 무서웠을까. 금방이라도 밧줄을 벗어 던지고 도

망치고 싶었을 거야. 하지만 그럴 때마다 죽은 외스타슈드의 얼굴을 떠올렸어.

"그래, 이것은 결코 헛된 죽음이 아니다. 더 높고 큰일을 위한 희생이며, 헌신이다!"

그렇게 모두 마음을 굳게 다잡으며 걸어 나갔어. 이 모습을 바라보는 칼레의 시민들은 저마다 부둥켜안고 울었지. 그들이 모두를 대신해서 희생하는 모습이 감동스럽고, 또 미안하고 고마웠거든. 칼레의 시민들은 그들의 이름을 부르짖으며 외쳤어.

"저들을 영원히 기억하라! 이 도시를 구한 용감한 영웅들을!"

지성이면 하늘도 감동한다고 하잖니. 정말 하늘이 도와주셨나봐. 이들의 이야기를 들은 영국의 왕비 또한 크게 감동했단다.

"왕이시여, 저 용감한 사람들을 부디 너그러이 용서해 주소서."

왕비는 에드워드 3세에게 칼레의 시민들을 살려 달라고 부탁했지. 때마침 왕비가 임신하고 있어서 에드워드 3세는 왕비의 부탁을 차마 거절할 수 없었어. 결국 6명의 처형을 취소하고 모든 칼레의 시민을 살려 주기로 했단다.

진짜 용기

할아버지는 이야기를 모두 마치고, 루이즈를 부드러운 눈으로 바라보았어요.

"이 조각상은 바로 그때 스스로 처형장으로 걸어 나가는 6명의 모습이란다."

루이즈는 가만히 고개를 끄덕이며 다시 조각상을 보았어요. 하지만 아직도 풀리지 않는 궁금증이 하나 있었지요.

"할아버지, 그런데 왜 저 사람들은 표정이 다 무시무시해요? 몸짓도 매우 괴로워 보이고요. 도시를 구한 영웅들이면 훨씬 늠름하고 멋진 모습이어야 하잖아요."

"루이즈야, 네가 곧 죽는다고 생각하면 어떤 기분이 들까?"

"무서울 거예요."

"그래, 저 사람들도 사실은 엄청나게 무섭지 않았을까? 곧 죽는다고 생각하니 너무너무 슬프고 괴로웠겠지. 하지만 다른 사람을 지키기 위해 이를 악물고 용기를 냈던 거야."

할아버지는 조각상을 어루만지며 계속 말했어요.

"루이즈, 다른 동물을 위해 스스로 목숨을 끊는 동물 이야기를 들어본 적 있니?"

"아니요."

"그래, 사람도 마찬가지야. 남을 위해 자기 목숨을 희생하기란 여간 어려운 일이 아니지. 부자든, 거지든 누구나 목숨은 단 하나밖에 없으니까……."

할아버지는 잠깐 숨을 고르더니 다시 말했어요.

"오직 하나뿐인 생명을 자기가 아니라 다른 사람을 위해 기꺼이 내놓는 용기야말로 사람만이 할 수 있는 고귀한 희생이지. 그래서 이 할아비는 사람이 그 어떤 존재보다 위대하고 고귀하다고 믿는단다."

할아버지의 말을 듣고 보니 정말 그랬어요. 어느 누구도 죽음이 두렵지 않을 수 없을 테니까요. 루이즈는 자기도 모르게 가슴이 저릿저릿해졌어요.

"할아비는 이 조각상을 볼 때마다 늘 감동을 받는단다. 죽음 앞에 엄청난 두려움을 느끼면서도 다른 사람들을 지키기 위해 스스로 용기를 내며 노력하는 모습이 정말 가슴 벅차도록 아름답거든. 루이즈, 할아비가 하는 말을 이해할 수 있니?"

할아버지는 부드러운 미소를 띤 채 루이즈를 바라보았어요. 루이즈는 힘차게 고개를 끄덕였어요. 할아버지가 하는 이야기를 이제 루이즈도 모두 이해할 수 있을 것 같았어요. 할아버지가 또다시 말

했지요.

"루이즈도 자기 자신만이 아니라 남을 위해 기꺼이 용기를 낼 수 있는 멋진 사람이 되면 좋겠구나."

루이즈는 할아버지의 말을 하나하나 마음속 깊이 새겼어요. 그리고 다시 한 번 조각상을 바라보았어요. 슬픔과 두려움으로 일그러진 얼굴들이 이제는 하나도 무섭지 않았어요. 루이즈는 할아버지를 향해 방긋 웃으며 말했어요.

"할아버지, 할아버지의 보물은 세상에서 가장 멋있어요!"

깊이 읽기

노블레스 오블리주가 뭘까?

노블레스 오블리주(Noblesse oblige)는 '귀족은 귀족답게 행동해야 한다'는 프랑스의 격언이에요. 노블레스(Noblesse)는 '명예'라는 뜻이고, 오블리주(oblige)는 '의무'라는 뜻으로 노블레스 오블리주란 사회적으로 높은 명예에 걸맞은 도덕적 의무를 의미한답니다.

노블레스 오블리주의 기원은 고대 로마 시대까지 거슬러 올라가요. 초기 로마 시대에는 왕과 귀족들이 자발적으로 재산을 국가에 바쳤을 뿐만 아니라 전쟁이 일어나면 앞장서서 전쟁터로 달려 나갔지요. 이처럼 국가가 위험에 처했을 때마다 먼저 발 벗고 나서는 로마 귀족들의 솔선수범이 바로 노블레스 오블리주 정신이에요. 로마 귀족들의 노블레스 오블리주는 로마 시민들의 귀감이 되었고, 결과적으로 로마 사회의 결속력을 강화시켰지요.

실제로 로마와 카르타고 사이에서 포에니 전쟁이 일어났을 때, 로마 집정관만 13명이 전사했다고 해요. 이와 같은 왕과 귀족층의 노블레스 오블리주 정신 덕분에 로마는 세계적인 대제국으로 발돋움할 수 있었답니다. 노블레스 오블리주는 로마 시대부터 오늘날까지 이어져 내려오며, 동서양을 막론

하고 사회 고위층이 가져야 하는 도덕적 책임 정신으로 중요하게 여겨져요.

로댕의 〈칼레의 시민〉

1884년, 칼레 시는 14세기 프랑스와 영국 사이에서 벌어졌던 백년전쟁 당시 조상들이 보여 주었던 용감한 희생정신을 기리기 위해 기념 조각상을 만들기로 마음먹었어요. 바로 칼레의 시민들을 구하기 위해 스스로 목숨을 내놓은 여섯 영웅들의 모습을 조각상으로 만들어 칼레 시청에 멋지게 전시해 놓을 생각이었지요.

"칼레 시민이라면 누구나 조각상을 보고 자부심을 느낄 거야."
"그렇고말고. 칼레 시의 위상을 드높일 좋은 기회가 될 걸세."
모두가 들뜬 마음으로 기념 조각상을 만들 조각가를 찾았어요.
"과연 누가 칼레의 여섯 영웅들을 조각해 낼 수 있을까?"

▲ 오귀스트 로댕의 〈칼레의 시민〉 ©shutterstock

그때 결정된 사람이 바로 오귀스트 로댕이었어요. 오귀스트 로댕은 '현대 조각의 아버지'로 불리는 프랑스의 대표적인 조각가예요. 〈청동의 시대〉, 〈지옥의 문〉, 〈생각하는 사람〉 등 현대 미술사에 길이 빛날 작품들을 남겼을 뿐만 아니라 르네상스 시대 천재 예술가 미켈란젤로와 유일하게 견줄 만한 사람이기도 해요. 칼레 시는 오귀스트 로댕이야말로 자신들이 바라는 용감하고 늠름한 여섯 영웅들의 기념 조각상을 만들어 줄 수 있으리라 믿었어요.

"이 기념 조각상은 온 칼레 시민들의 염원이나 마찬가지입니다. 반드시 위풍당당한 영웅들의 모습을 감동적으로 표현해 주세요."

칼레 시는 로댕에게 거듭 부탁하며 기념 조각상이 완성되기를 기다렸어요. 그리고 마침내 고대하던 기념 조각상이 다 만들어졌지요. 그런데 이게 웬일이에요. 막상 완성된 기념 조각상을 보니 사람들이 기대했던 모습과 영 딴판이지 않겠어요?

"이게 뭐야. 표정이 왜 이래?"

"서 있는 꼬락서니는 또 어떻고. 저게 어딜 봐서 영웅이라는 거야?"

기념 조각상을 본 칼레 시는 펄쩍펄쩍 뛰며 화를 냈어요. 그도 그럴 것이 로댕이 만든 〈칼레의 시민〉은 칼레 시가 바랐던 용감하고 늠름한 영웅의 모습이 아니었거든요. 조각상의 여섯 명은 목에 밧줄을 걸고 맨발에 홑옷만 입은 채 두려움과 슬픔으로 고통스러워하는 모습이었어요.

그래요, 로댕은 〈칼레의 시민〉을 용감한 영웅이 아니라 무시무시한 공포와 고귀한 희생정신 사이에서 괴로워하는 인간으로 표현해 놓았어요. 로댕은 칼레의 시민들 역시 영웅 이전에 한 사람의 인간이었다고 생각했거든요. 그래서 죽음 앞에 두려워하면서도 노블레스 오블리주를 실천하려고 노력하는 인간적인 모습을 생생히 담으려고 했던 거예요. 하지만 칼레 시는 이러한 로댕의 깊은 뜻을 전혀 이해하려고 하지 않았어요.

"이건 칼레의 영웅들이 아니야. 이딴 조각상을 칼레 시청 앞에 세울 수 없어!"

칼레 시는 로댕과 로댕의 〈칼레의 시민〉을 마구 헐뜯으며 화를 냈어요. 결국 로댕은 살아생전 〈칼레의 시민〉으로 온갖 비난을 들어야만 했지요. 시간이 더 흐른 뒤에야 비로소 로댕이 〈칼레의 시민〉을 만든 의도가 재평가되면서 〈칼레의 시민〉도 함께 재조명되었지요. 이와 함께 프랑스 북부의 작은 항구 도시 칼레 시 또한 노블레스 오블리주의 도시로 새롭게 태어났답니다.

또한, 로댕의 〈칼레의 시민〉은 독일의 극작가 게오르크 카이저에게도 큰 영향을 주었어요. 카이저는 로댕의 〈칼레의 시민〉 조각상을 보고 깊은 감동을 받아 〈칼레의 시민〉이라는 희곡을 썼어요. 1914년에 완성된 희곡 〈칼레의 시민〉은 3막으로 이루어진 반전극이에요. 카이저는 〈칼레의 시민〉을 통해 다수를 위해 자신을 기꺼이 희생하는 도덕적인 모습을 보여 주고 싶었지요. 이 〈칼레의 시민〉 덕분에 무명이었던 카이저는 단박에 독일 표현주의 극작가로서 명성을 거머쥐게 되었답니다.

▲ 오귀스트 로댕의 대표작 〈생각하는 사람〉

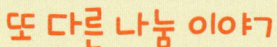

또 다른 나눔 이야기

타이태닉호의 노블레스 오블리주

타이태닉호는 1911년 영국에서 만들어진 대형 여객선이에요. 크기가 거대할 뿐만 아니라 내부가 최고급 호텔 이상으로 호화롭게 꾸며져 전 세계적인 관심을 받았지요. 1912년 4월 10일, 타이태닉호는 내로라하는 부자들과 귀족을 포함하여 수많은 사람을 태우고 대망의 첫 항해를 시작했답니다. 그런데 불과 나흘 뒤, 타이태닉호가 뜻하지 않게 빙산과 충돌하는 사고가 일어났지 뭐예요!

배의 옆 부분이 100미터 가량 찢어지면서 엄청난 바닷물이 타이태닉호 안으로 쏟아져 들어왔고, 급기야 타이태닉호가 기울어지며 침몰하기 시작했어요.

깜짝 놀란 사람들은 울부짖으며 우왕좌왕했어요. 거대한 타이태닉호에는 구명보트가 고작 20척 밖에 없었거든요. 타이태닉호에 타고 있는 수많은 승객을 모두 태우기에는 턱없이 부족했지요. 대부분 사람이 타이태닉호와 함께 차가운 바닷물 속으로 가라앉아야만 하는 절망적인 순간, 타이태닉호의 1등석 승객들은 여자와 아이들을 위해 기꺼이 구명보트를 내어 주는 희생 정신을 발휘했답니다. 그들은 대부분 사회적으로 유명한 부자와 귀족들이었어요. 남부럽지 않은 부와 명예를 가진 사람들이 먼저 앞장서서 약한 자를 우선적으로 보호한다는 '여자와 아이 우선'이라는 원칙을 지킨 것이지요. 이와 같은 1등석 승객들의 노블레스 오블리주 정신 덕분에 타이태닉호의 생존자 가운데 여자들의 비중이 압도적으로 높았다고 해요. 살아남은 여자 승객과 남자 승객의 비율이 무려 9대1이었고, 3등석 여자 승객이 1등석 남자 승객보다 훨씬 많았어요.

▲ 타이태닉호의 모습　　　　　　　　　　ⓒ연합뉴스

　죽음이 눈앞에 닥친 순간에 여자와 아이를 지키기 위해 자신을 희생한 타이태닉호의 승객들! 그들이 보여 준 노블레스 오블리주 정신은 수많은 목숨이 희생된 대참사 속에서 더없이 깊은 감동을 전해 준답니다.

두 번째 나눔 이야기

구멍 뚫린 항아리
〈타인능해〉

안녕? 난 옛날 옛날, 전라남도 구례에서 고래등 같은 기와집에 살던 양반 '류이주'라고 해. 우리 집이 얼마나 부자였냐고? 한때 우리 집은 99칸이나 될 만큼 부자였지. 하지만 우리 집이 진짜 부자인 이유는 다른 데 있었어. 우리 집에는 아무리 쌀을 퍼가도 바닥이 보이지 않는 신비로운 쌀독이 있었거든. '타인능해'라는 이름의 항아리인데 이 항아리의 정체가 궁금하지 않니?

재수 없는 날

 지독하게 재수 없는 날은 불길한 징조부터 보이며 찾아온다.
 오늘 아침의 일이었다. 책가방을 챙기는데, 갑자기 가방 지퍼가 고장 나 버렸다. 몇 번을 잡아당겨 보았지만 지퍼가 움직이지 않았다.
 나는 엄마한테 고장 난 가방을 내밀며 말했다.
 "이거 봐, 고장 났어."
 "그러게 평소에 관리 좀 잘 하지."
 "새 걸로 사 줘."
 "쉿, 할아버지 들으면 큰일 날 소리!"
 엄마는 할아버지 방이 있는 쪽을 힐끔 살펴보았다. 할아버지 방에서 '에헴' 하고 헛기침 소리가 났다. 할아버지가 이미 내 말을 들었다는 신호였다.

엄마가 한숨을 푹 쉬더니, "오늘은 그냥 가." 하고 나를 슬쩍 떠밀었다.

나는 화가 치밀었다.

"그깟 가방 하나 새로 사 주면 어때서 그래? 딴 애들은 멀쩡한 가방도 새 가방으로 바꾸고 그러는데! 내 가방은 고장 났잖아!"

"얘가 정말!"

엄마가 발을 동동 굴렀다.

그때였다.

할아버지가 방문을 벌컥 열고 나오셨다.

"어멈아, 잠깐 나 좀 보자."

할아버지가 입술을 한일자(一)로 쭉 잡아당기는 듯한 표정을 지어 보였다. 엄청 화가 났다는 뜻이었다. 엄마는 나를 향해 눈을 한 번 흘기더니 자리에서 일어났다.

그래도 나는 포기할 수가 없었다.

"가방은 어쩌고!"

나는 엄마의 치맛자락을 꼭 붙들고 늘어졌다.

"오늘은 그냥 가. 이따가 아빠 오면 말해 볼게."

엄마가 있는 힘껏 내 손을 뿌리치며 말했다. 그때 안방에서 할아버지의 헛기침 소리가 또 들려왔다.

나는 결국 지퍼도 제대로 잠기지 않는 가방을 들고 갔다. 한 걸음, 한 걸음 걸을 때마다 가방이 들썩거렸다. 화가 난 내 가슴도 덩달아 들썩들썩했다.

'할아버진 정말 못됐어. 하나밖에 없는 손녀한테 그깟 가방 하나 사 주면 어때서! 구두쇠, 짠돌이, 가짜 할아버지!'

학교에 도착한 나는 책상에 엎드린 채 꼼짝도 하지 않았다.
그런데 아침 조회에 들어오신 선생님께서 난데없이 폭탄선언을 하시는 게 아닌가.
갑자기 짝을 바꾸겠다는 것이었다.
어쩐지 불길한 마음이 들었다.
"모두 한 분단씩 옆으로 옮겨 앉아 보렴."

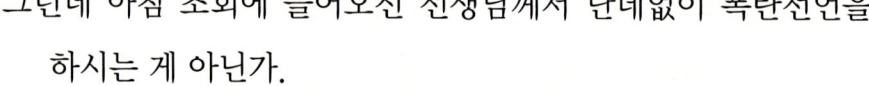

순간, 내 마음속에서 '으악!' 하고 비명이 터져 나왔다. 내 옆 분단에 앉은 아이는 최공주였다. 그 아이는 내가 이 세상에서 가장 싫어하는 아이였다. 공주도 마찬가지인지 나를 보고 비아냥거렸다.

"고물상, 너랑 짝이 되다니."

"야, 멀쩡한 이름 놔두고 왜 고물상이라고 부르는 거야?"

"너희 집이 고물상이잖아."

"우리 아빤 회사원이시거든!"

"너희 할아버지가 동네에 있는 고물이란 고물은 다 줍고 다니시잖아."

그때 공주가 말을 하다 말고 내 가방을 쳐다보았다.

"어머, 너 가방 고장 났니? 너희 할아버지한테 좋은 가방 하나 주워 달라고 해. 킥!"

나는 얼른 가방을 안쪽으로 감추었다. 그러자 공주가 피식 코웃음을 쳤다.

잠시 후 공주는 책상 위에 무언가를 꺼내 놓았다. 그것은 스마트폰이었다.

"이게 뭔 줄 아니?"

"누굴 바보로 아나. 스마트폰이잖아."

"우리 아빠가 사 주신 거야."

나는 고개를 옆으로 휙 돌렸다. 속이 부글부글 끓어올랐다.

아침부터 재수가 없다 싶더니, 정말 최악의 날이었다. 그런데 불행은 그게 끝이 아니었다.

구멍 뚫린 항아리 〈타인능해〉 43

집으로 돌아온 나는 책상 위에 놓인 헌 가방 하나를 발견했다. 빛바랜 분홍색 책가방이었다.
"엄마, 이게 뭐야?"
"할아버지가 얻어 오셨어."
"엄마!"
내가 빽 소리를 지르는데, 할아버지가 들어오셨다.
"가방은 마음에 드니? 이 할아버지가 특별히 분홍색으로 구해 왔다."
할아버지가 싱글벙글 웃으며 말씀하셨다. 나는 왈칵 눈물이

났다.

"새 가방 하나 사 주면 어때서. 내가 거지도 아니고……."

"인석아, 충분히 아껴도 되는데 무엇 하러 낭비를 해? 우리한테는 넉넉한 세상이지만, 지구 반대편에는 헐벗고 굶주린 사람들이 얼마나 많다고! 볼펜 한 자루가 갖고 싶어서 길거리에서 구걸을 하는 아이들 얘기도 못 들어 봤어?"

"그건 걔네들 이야기잖아!"

나는 바닥에 주저앉아 울고 말았다. 엄마가 몇 번이나 일어나라고 다그쳤지만 도저히 그럴 기운이 없었다.

자꾸만 눈물이 나왔다.

구두쇠 할아버지

"아버님도 그래요. 웬만하면 새 가방 하나 사 주시지……."
엄마가 아빠를 붙잡고 하소연했다.
"아버지 성격 알면서 그래. 설아가 운다고 아버지가 눈 하나 꿈쩍할 분이셔? 괜한 데 기운 빼지 말고 그냥 쓰라고 해."
아빠가 쓴 표정을 지으며 대꾸했다. 그러자 괜히 신경질이 난 엄마는 아빠에게 버럭 화를 냈다.
"어쩜! 하나밖에 없는 딸한테 새 가방 하나 사 주면 어때요?"
그때였다.
외출을 나가셨던 할아버지가 무언가를 들고 들어오셨다. 고장 난 선풍기였다.

할아버지는 바닥에 신문지를 깔더니, 그 위에 선풍기를 올려놓았다. 닦고, 수리해서 쓸 모양이었다.

"어멈아, 공구 상자 좀 가져오너라."

"아버님, 그건 또 뭐 하러 주워 오셨어요?"

"올 여름엔 에어컨 하나 사자며. 선풍기가 한 대 더 늘면 시원해질 게 아니냐. 그럼 에어컨은 필요 없겠지."

"아버님!"

엄마의 입에서 비명이 빽 터져 나왔다.

그러나 할아버지는 엄마의 태도에는 아랑곳없이 선풍기를 수리하기 시작했다. 고개 숙인 엄마의 얼굴이 빨갛게 달아오르는 줄도 모르고.

엄마는 마치 화산이 폭발하기 직전 같았다. 슬금슬금 엄마의 눈치를 살피던 아빠가 자리에서 일어났다. 피난을 가려는 모양이었다.

아빠가 내 방으로 들어오려는 찰나였다.

"아버님, 도저히 못 참겠어요!"

엄마가 소리를 질렀다.

"무얼 말이냐?"

"동네 사람들이 우리를 뭐라고 부르는 줄 아세요? 고물상이라고 불러요, 고물상! 해도 해도 너무 하잖아요. 툭하면 얻어 쓰고, 고쳐 쓰고, 주워 쓰고. 우리가 거지도 아닌데, 새 물건 하나 사는 게 그렇게 아까우세요?"

"아깝지."

할아버지가 태연히 대꾸했다.

사실, 우리 할아버지는 정말 지독한 구두쇠다. 할아버지가 가진 물건 가운데 새 것은 하나도 없다. 20년 된 냉장고, 20년 된 텔레비전, 그리고 30년도 더 된 옷장, 서랍장, 이불보……

게다가 동네에서 나오는 고물들은 죄다 할아버지 차지다. 할아버지는 그 고물들을 잔뜩 주워서 수리해 쓴다. 고쳐 쓰고, 아껴 쓰다 보면 새로 물건을 살 필요가 없다나.

할아버지는 엄마한테 대형 마트도 못 가게 한다.

어쩌다가 한 번씩 엄마가 마트에 가서 물건을 사 오면 도끼눈을 하고 요리조리 살펴본다. 뭐 쓸데없이 산 게 없나 하고 감시를 하는 것이다.

"어멈아, 휴지는 충분히 있는데 왜 또 샀냐?"

"아, 그거요. 대형 마트에서 하나 사면 하나 더 주는 행사를 하더라고요. 어차피 사야 하는 건데, 하나 살 돈으로 두 개 사면 좋잖아요."

엄마는 최대한 상냥하고 빠르게 말한다.

"그게 다 상술이야. 없으면 더 아껴 쓰게 되는데, 넉넉하다고 생각하다 보니 펑펑 쓰게 되잖아."

"아버님도 참. 이깟 휴지가 얼마나 한다고 그러세요."

"얼마라니! 만 원이면 없는 사람들 일주일 식비야."

"요즘 세상이 어떤 세상인데, 만 원으로 일주일을 버텨요?"

이쯤 되면 엄마의 인내심도 폭발하고 만다.

하지만 할아버지는 엄마의 앙칼진 목소리에도 끄떡없다. 엄마의 말대꾸를 기다렸다는 듯 잔소리를 줄줄줄 늘어놓으신다. 외식 같은 거 하지 않고, 군것질 하지 않고 먹을 만큼만 아껴 먹으면 충분하다는 것이다.

그러면 엄마는 잠자코 있다가 방으로 돌아와서 신경질을 낸다.

"아니, 아버님은 그 많은 재산을 어디다 쓰려고 저러시는 거야? 돈을 저승 갈 때 싸 가지고 갈 수 있는 것도 아니잖아."

엄마를 더 화나게 만드는 건 할아버지의 구질구질한 습관들이다.

할아버지는 아침마다 동네를 한 바퀴 도는데, 그때마다 낡은 유모차를 끌고 나가신다. 그 유모차는 내가 어렸을 때 탔던 것이라고 한다. 할아버지는 그걸 지하실에 고이고이 아껴 뒀다가, 수레 대용으로 쓰고 계신다.

할아버지의 유모차 안에는 온갖 잡동사니들이 담겨진다. 빈 병은 물론이고 폐지와 깡통, 고장 난 가전제품, 헌 옷 등등. 종류도 이루 셀 수 없을 만큼 다양하다. 할아버지는 그 잡동사니들을 차곡차곡 분리해서 내다 판다.

"아버님, 제발 그런 것 좀 주워 오지 마세요. 사람들이 손가락질 해요!"

엄마는 남부끄럽다며 폐지만큼은 줍지 말라고 사정한다. 그래도 할아버지는 고집을 꺾는 법이 없다.

"뭐 어떠냐? 운동도 하고, 돈도 벌고! 게다가 물자도 아끼고!"
"아유, 관두세요. 제가 말해 봤자 들으시겠어요?"
엄마가 고개를 저으며 돌아선다.
할아버지와 엄마의 싸움은 늘 그렇게 끝이 난다.

엄마의 파업

"설아한테 새 가방을 사 주신다고 약속하세요. 그리고 앞으로는 제가 장 볼 때 잔소리도 안 하신다고 해 주세요. 고물도 줍지 마세요. 이 약속들을 다 지키시기 전까지는 절대 부엌에 안 들어갈 거예요."

엄마가 파업을 선언했다.

엄마는 할아버지가 고물 줍는 버릇을 고치기 전에는 절대 살림에 손을 대지 않겠다고 선언했다.

할아버지는 눈이 휘둥그레졌다.

"내가 주워 온 고물이 너한테 피해를 주는 건 아니잖니?"

"피해가 아니긴요! 저 고물 덩어리들이 저한테 얼마나 스트레스

를 주는지 모르실 거예요."

엄마는 머리를 싸매고 누워 버렸다. 그러자 할아버지는 엄마 대신 밥을 짓고, 설거지를 하겠다고 하셨다.

엄마는 기가 막힌 듯 혀를 찼다.

"기어코 당신 고집대로 하시겠다는 거잖아. 두고 봐, 나도 이번엔 절대로 물러서지 않을 거니까!"

"여보……."

아빠는 엄마와 할아버지 사이에서 절절매기만 했다.

아빠는 엄마 편을 들자니, 아들로서 불효를 하는 것 같고 그렇다고 할아버지 편을 들자니 남편으로서 무책임한 것 같다는 것이었다.

그렇게 엄마가 파업을 선언한 지 나흘이 지났다. 할아버지도 슬슬 똑같은 반찬에 질린 듯한 눈치였다.

나는 은근슬쩍 할아버지에게 물었다.

"할아버지, 엄마랑 화해하시면 안 돼요?"

"싫다!"

"너무하세요……."

"너무한 건 네 엄마야. 이거라도 먹는 걸 감사하게 생각해야지. 싫으면 이리 내."

할아버지는 입술을 삐죽 내밀더니, 밥그릇을 휙 빼앗아 버렸다. 나는 쪼르르 엄마에게 달려갔다. 엄마는 여전히 자리에 누워 있었다.

"엄마, 엄마가 먼저 화해하면 안 돼?"

"안 돼. 이번엔 엄마도 절대 그냥 못 넘어가!"
"똑같은 반찬 먹는 것도 질린단 말이야."
"그럼 네가 할아버지를 설득해 봐!"
엄마가 휙 돌아누웠다.
나는 어깨를 축 늘어뜨린 채 밖으로 나왔다. 배에서 꼬르륵 소리가 났다.
"고래 싸움에 새우 등 터진다더니, 딱 그 꼴이네. 배고프다……."
나는 한숨을 내쉬었다.
그렇게 기운 없이 앉아 있을 때였다.
할아버지가 방으로 들어가더니, 옷장 가장 깊숙한 곳에 있는 통장을 꺼내는 게 보였다. 그 통장은 엄마에게도 보여 주지 않는 것이었다.
나는 슬그머니 할아버지를 엿보았다.
할아버지는 주변을 살피더니 주머니 깊숙한 곳에 슬그머니 통장을 넣었다.
'저걸로 뭘 하시려는 거지? 혹시 내 책가방을 사 주시려는 건 아닐까?'
나는 침이 바짝 말랐다.
그 사이, 할아버지가 방에서 나오는 게 보였다.
나는 잽싸게 소파로 몸을 던졌다. 할아버지는 내 모습을 보지 못한 듯했다. 나는 빠끔 고개를 내밀고 할아버지를 지켜보았다.
할아버지는 주위를 빙 둘러보더니, 부엌으로 들어갔다.

달그락, 달그락!

부엌에서는 한참 동안 무언가를 옮겨 붓고, 싸고, 챙기는 소리가 들렸다.

한참 만에 부엌에서 나온 할아버지의 손에는 묵직한 보따리가 들려 있었다.

'저게 뭘까?'

할아버지는 슬그머니 바깥으로 나가셨다. 나는 호기심을 참을 수가 없었다.

나는 할아버지를 뒤쫓아 가 보기로 했다.

할아버지는 보따리를 유모차에 옮겨 실으시더니, 달달달 소리 나는 유모차를 끌고 골목길을 빠져나가셨다.

나는 할아버지 뒤를 쫓았다. 할아버지는 비좁은 골목길을 빠져나가 한참 걸으셨다. 버스 정류장으로 치면 서너 개의 정류장은 족히 지났을 거리였다.

얼마나 갔을까.

할아버지 앞에 높은 언덕길이 나타났다.

할아버지는 걷다가도 몇 번이나 멈춰 서서 "하이고……." 하고 숨을 몰아쉬셨다. 경사진 언덕을 오르는 게 무척 힘이 드신 듯했다.

그렇게 고생해서 언덕을 오르고 나니 이번에는 수많은 계단이 나타났다.

할아버지는 유모차를 끌고 한 걸음, 한 걸음 계단을 올라가셨다. 혼자 힘으로도 오르기 힘든 길을 유모차까지 끌고 가려니 더 힘든

듯했다.
 나는 할아버지를 도와드려야 하나 망설여졌다.
"에잇……."
 나는 참다못해 할아버지를 불렀다.
"할아버지!"
"설아야, 네가 여기 웬일이냐?"

"그냥 따라왔어요. 이 밤중에 어딜 가시는 거예요?"
나는 유모차의 한쪽 손잡이를 들어 올리며 물었다. 할아버지는 대답 대신 빙그레 웃음만 지으셨다.

구멍 뚫린 항아리

 가파른 계단을 백 개쯤 올랐을까.
 할아버지가 유모차의 방향을 틀어 비좁은 골목길로 들어갔다. 나는 할아버지 뒤를 졸졸 따라갔다.
 비좁은 골목 안에는 여러 채의 집이 다닥다닥 붙어 있었다. 골목의 집들은 모두 지은 지 꽤 오래된 것 같았다. 어떤 집은 판자로 지어져 있었는데, 바람이 세게 불면 날아가 버릴 것처럼 위태로워 보이기까지 했다.
 "여기가 어디예요?"
 "산동네 쪽방촌이란다."
 "산동네……."

산동네라는 곳에 직접 와 보긴 처음이었다. 듣기로, 그곳은 무척 가난한 사람들이 모여 사는 곳이라고 했는데 할아버지가 이곳까지 찾아온 까닭이 무엇인지 궁금해졌다.

"여기 아는 분이라도 계세요?"

"아니."

할아버지가 말을 이으셨다.

"설아야, 여기 사람들이 사는 집이 얼마나 비좁고, 낡았는지 아니? 음, 크기로 치면 우리 집 화장실만 하려나. 그렇게 비좁은 방에 사는 사람도 있단다. 특히 이곳에는 노인들이 많이 살지."

겨우 어른 한 명이 누워 잘 만한 크기의 집에는 화장실도, 부엌도 없는 경우가 많다고 했다. 이렇게 열악한 곳에 사는 사람의 대부분은 보살펴 줄 가족이 없는 노인이거나 외국인 노동자들이라는 것이다.

"이리 오너라."

할아버지는 골목 한가운데 커다란 항아리 앞에 멈추어 섰다. 나는 그 항아리가 무척 눈에 익었다.

"앗! 이건 우리 간장독이잖아요."

그 항아리는 할머니가 살아 계실 때 간장독으로 쓰던 것이었다. 할머니가 무척 애지중지하던 모습이 떠올랐다.

"옛날에는 간장을 담는 항아리였지. 그리고 지금은……."

할아버지는 항아리 뚜껑을 열더니, 그 안을 한번 들여다보았다. 나도 고개를 내밀어 보았다.

항아리 바닥에는 쌀이 조금 채워져 있었다. 겨우 손가락 한 마디

가 들어갈 정도의 높이였다. 하지만 할아버지는 그 쌀을 보고 어마어마한 금덩어리라도 본 것처럼 기뻐하셨다.

"아이고, 요번에도 형편이 조금 나아진 사람이 있긴 한가 보구나! 그래요, 그래. 다들 열심히 기운내서 일하시구려."

할아버지는 주섬주섬 보따리를 풀기 시작했다. 그 안에는 쌀이 한가득 들어 있었다.

할아버지는 쌀을 조심스럽게 항아리에 붓기 시작했다. 이윽고 항아리 가득 쌀이 차올랐다.

할아버지는 항아리 뚜껑을 조심스럽게 덮었다.

"왜 우리 쌀을 여기에 붓는 거예요? 남들이 가져가면 어쩌려고요?"

"가져가라고 부어 두는 쌀이란다."

"예?"

나는 도무지 이해할 수가 없었다.

"이 항아리의 이름은 타인능해란다. '타인도 뚜껑을 열게 하여 주위에 굶주리는 사람이 없게 하라.'는 뜻이지. 이 항아리가 만들어진 것이 조선 영조 때의 일이니까, 지금으로부터 200년은 더 되었겠구나."

할아버지는 타인능해라는 항아리에 숨은 내력을 이야기해 주셨다.

조선 영조 때 류이주라는 양반이 살았다고 한다. 류이주는 전라

남도 일대에서 내로라하는 부자였다고 한다. 그의 집은 방이 아흔아홉 칸이나 되는 기와였다고 하니, 왕이 부럽지 않을 정도로 대단한 권력과 재산을 지닌 사람이었음이 틀림없을 것이다.

그 넓은 집에는 쌀이 두 가마 정도 들어갈 수 있는 커다란 뒤주가 있었다.

하루는 류이주가 머슴에게 일러 나무 깎는 칼을 들고 오라고 일렀다.

류이주는 그 칼로 뒤주에다 '타인능해(他人能解)'라고 썼다.

"대감마님, 대체 저 글자가 무엇을 뜻하는 것입니까?"

류이주의 행동을 보고 의아해진 하인이 물었다.

"허허, 배가 고픈 사람은 누구든 이 뒤주에서 쌀을 꺼내 가라고 쓴 것이란다. 말이 나온 김에 뒤주 뒤쪽에다 출입문 하나를 더 만들어라."

"갑자기 문은 왜 만들라는 것입니까? 출입문은 저기 저쪽에 있잖습니까."

"우리 집에서 쌀을 가져가는 사람이 집안 식구들과 마주치면 미안하고, 부끄러워지지 않겠느냐. 그러니 우리 눈치를 보지 않게 뒷문을 하나 더 만들라는 게야."

류이주의 명령대로 그의 집에는 뒷문이 하나 더 만들어졌다고 한다.

그 후 동네 사람들은 배가 고플 때마다 류이주의 집으로 찾아가 타인능해에서 쌀을 꺼내 갔다. 이때 사람들은 오로지 자기가 먹을 만큼만 쌀을 가져갔다고 한다. 다른 사람들이 가져갈 것을 남겨 두기 위한 행동이었다.

타인능해 덕분에 배고픔을 면하게 된 사람들은 열심히 일을 해서 빌려간 쌀을 도로 채워 넣었다. 덕분에 타인능해는 누구 하나 지키는 사람이 없어도 쌀을 몽땅 도둑맞는 일이 없었고, 쌀이 바닥을 보이는 일도 없었다고 한다.

이러한 나눔 정신 때문일까. 동학 혁명, 의병 항쟁, 6·25 전쟁 등 전쟁의 소용돌이가 전라남도 구례 지역을 모질게 지나갔지만 류이주 대감의 집만은 불에 타지 않고 고스란히 지켜져 오늘날까지 전해진다고 한다.

"그럼, 할아버지가 류이주 대감처럼 여기에 타인능해를 만드신 거예요?"

"그래, 네 할머니가 가장 아끼던 항아리를 이용해서 만들었지."

"와……!"

나는 입을 쩍 벌렸다.

"요즘 사람들은 세상이 살기 좋아지고 넉넉해졌다고 하지만, 우리 주변에는 여전히 배를 곯는 사람들이 있단다. 하루 종일 일해야 하루 먹을 것을 겨우 마련할 수 있는 사람들도 많지. 그런 사람들에게 쌀 한 줌은 생명처럼 귀한 것이란다."

할아버지가 내 머리를 쓰다듬으며 웃었다.

"새 책가방을 사고, 새 가전제품을 사는 것도 좋은 일이지. 편하게 살 수 있으니까. 하지만 우리가 조금 아끼고, 그렇게 얻은 돈으로 다른 사람을 돕는다면 다 함께 잘 사는 세상이 되지 않겠니?"

할아버지는 내게 몇 푼 안 되는 돈을 유산으로 남겨 주기보다는, 서로 돕고 살아가는 아름다운 세상을 유산으로 남겨 주고 싶다고 말씀하셨다.
"네 세 번째 생일 날, 이 항아리를 갖다 놓았지. 햇수로 벌써 팔

년쯤 됐구나. 우리가 비록 넉넉한 형편은 아니지만, 아끼고 아껴서 그 돈으로 쌀을 사고, 일주일에 한 번씩 항아리에 쌀을 채워 놓았단다."

신기하게도 항아리에 쌀이 다 떨어져서 바닥을 보인 적이 없단다. 할아버지의 타인능해에서 쌀을 꺼내 간 사람들이 형편이 풀리면 도로 채워 넣고, 또 어려워지면 가져가고. 그렇게 계속 항아리의 쌀 한 줌을 지켜 줬던 것이다.

"할아버지는 이 항아리가 앞으로 우리 설아가 살아갈 세상을 따뜻하게 만들어 주는 보물단지가 될 거라고 믿는단다."

할아버지가 항아리를 어루만지며 웃었다. 그 모습이 얼마나 인자하고 따뜻해 보였는지 모른다.

이튿날, 나는 할아버지의 방 문 앞을 쭈뼛거렸다. 할아버지가 무슨 일인지 물었다. 나는 망설이다가 어렵사리 말을 꺼냈다.

"할아버지, 새 책가방…… 안 사 주셔도 돼요. 분홍색 책가방 그거 쓸게요."

"어찌 그런 생각을 했누?"

"새 책가방 살 기회를 놓쳐서 좀 억울하긴 하지만, 그래도 제가 새로 책가방 살 돈을 아껴서 다른 사람을 돕는다면 그게 더 좋은 일이잖아요."

할아버지가 나를 꼭 끌어안으셨다.

순간, 따뜻하고 포근한 기운이 가슴 깊숙이 밀려왔다.

깊이 읽기

조상들의 나누는 마음, 타인능해

전라남도 구례군 토지면 오미리에 있는 운조루는 모두가 자랑할 만한 고택입니다. 문화 류씨인 류이주(1726~1797) 선생님이 세운 지 235년이나 된 오래된 집인데, 후손들이 대를 이어 지켜왔고, 지금도 후손들이 살고 있지요. 1776년 87칸이란 어마어마한 규모로 지어져 한때 99칸으로 늘였다가 지금은 63칸만 남아 있어요. 운조루는 중요민속자료 8호로 지정될 만큼 훌륭한 문화재입니다.

▲ 운조루의 모습 　　　　　　　　　　　　　　ⓒ이용한

운조루의 정신은 나눔의 정신입니다. 운조루가 자리한 구례의 지리산 자락은 동학 혁명, 의병 항쟁, 6·25 전쟁 등 현대사의 고통이 모질게 지나간 곳이지만 이러한 나눔의 정신으로, 오늘날까지 훼손되지 않고 잘 보존되고 있지요.

사람들은 나눔을 매우 거창한 일, 어려운 일이라고 생각합니다. 자연재해로 인해 어려운 상황에 처한 이웃이 생겨나면 백만 원, 천만 원씩 척척 기부하는 부자들이 있지요. 사람들은 이렇게 돈이 많아야 어려운 환경에 처한 사람들을 위해 나누는 일을 한다고 생각합니다. 하지만 나눔은 그렇게 대단한 것이 아니어도 된답니다.

지금 운조루에 살고 계신 이길순 할머니는 이렇게 말했어요.

"집안 대대로 며느리들이 잊지 말고 해야 할 일이 있어요. 그건 매달 그믐날에 쌀 2가마니 반이 들어가는 뒤주를 채우는 일이었지요. 뒤주를 놓을 곳을 결정할 때에도, 쌀을 퍼가는 이웃들이 주인과 마주치면 불편할 것이라 생각해 사랑채의 헛간에 두었답니다."

이처럼 나눔은 다른 말로 '받는 사람과의 올바른 소통'입니다.

내 옆에 사람이 어디가 아픈 건 아닌지, 어떤 문제로 고민하는지, 내 동생의 고민은 무엇인지, 아빠의 걱정은 무엇인지 진지하게 살펴보고, 들어주고, 이해하는 것. 이것이 바로 작은 나눔의 시작이랍니다.

그렇게 작은 마음부터 나누다 보면 필요한 것을 더 해 주고 싶어지게 되고, 그러다 보면 자기 것을 아껴서 남에게 주게 되고……. 그렇게 나눔은 커 가는 것이지요. 돈이나 물건을 나누는 대신, 마음과 재능을 나누는 일도 사회에 큰 보탬이 되는 귀한 나눔이랍니다.

▲ 타인능해의 모습

ⓒ이용한

또 다른 나눔 이야기

먹을거리를 나누어요, 푸드뱅크

'푸드뱅크'라는 말을 들어본 적이 있나요? 이것을 우리말로 풀이하면 먹거리 은행이라는 뜻이 됩니다.

우리나라에서 밥을 제대로 먹지 못하는 아이들의 수만 해도 무려 30만 명이 넘는다고 해요. 밥값조차 벌지 못하는 할아버지와 할머니들, 거기에 형편이 어려운 사람들의 수까지 더하면 수십 만 명의 사람들이 끼니를 잇는 데 어려움을 느끼고 있다는 뜻이 됩니다.

푸드뱅크는 이러한 사람들에게 식품제조업체나 개인으로부터 식품을 받아서 나누어 주는 봉사 단체랍니다. 푸드뱅크의 운영 방법은 간단해요. 예를 들어 유통 기한이 얼마 남지 않은 상품을, 필요한 사람에게 공짜로 나눠 주는 거예요. 먹거리뿐 아니라 요리를 할 때 필요한 조미료라든지, 과자, 세제나 생필품 등도 나눠 주지요. 때로는 각 후원자들에게서 지원된 싱싱한 과일이라든지, 야채 같은 것도 나눠 준답니다.

이러한 음식들은 혼자 사는 할아버지, 할머니, 결식아동, 노숙자들과 각종 사회 복지 단체 사람들에게 큰 힘이 되고 있어요.

원래 푸드뱅크는 미국에서 만들어진 것이었어요. 1967년 미국에서 '제2의 수확'이라는 이름으로 자신들의 먹을 것을 어려운 이들에게 나누어 주었지요. 이후 캐나다와 프랑스, 독일 등 사회 복지가 발달한 선진국에서는 푸드뱅크를 세워서 어려운 사람들에게 먹을 것을 나눠 주는 일에 앞장서기 시작했답니다.

우리나라에 푸드뱅크가 생긴 건 지난 1998년 무렵의 일이에요. 이 무렵 우리나라는 국제통화기금(IMF)으로부터 구제 금융을 받게 되었지요. 나라

경제가 어려워지자 끼니를 제대로 잇지 못할 위기에 처한 사람들이 늘어났어요. 나라에서는 각 지방 단체에 푸드뱅크를 만들고 어려운 이웃을 돕기로 했어요. 덕분에 우리나라에는 195개소의 푸드뱅크가 설립되어 운영되고 있지요.

푸드뱅크에 기부하는 방법

개인적으로 푸드뱅크에 기부를 하고 싶다면, 홈페이지를 통해 온라인 기부를 할 수도 있고, 시장이나 아파트 단지 입구 같은 곳에 세워진 푸드뱅크 기부함에다 직접 물건을 넣어 주는 방법을 이용할 수도 있어요.

푸드뱅크 기부함에다 과자라든지, 양념, 생필품 등 각종 물품을 넣어 두면 봉사자들이 그것을 수거해 간답니다.

기부함에 수집된 물품들의 일부는 '푸드마켓'이라는 마켓으로 가져가요. 이 마켓은 정부에서 발급한 복지 카드가 있으면 어떤 물건이든 가져갈 수 있는 곳이지요. 또 일부는 움직이기 힘든 노인들이나 장애인들에게 직접 배달됩니다.

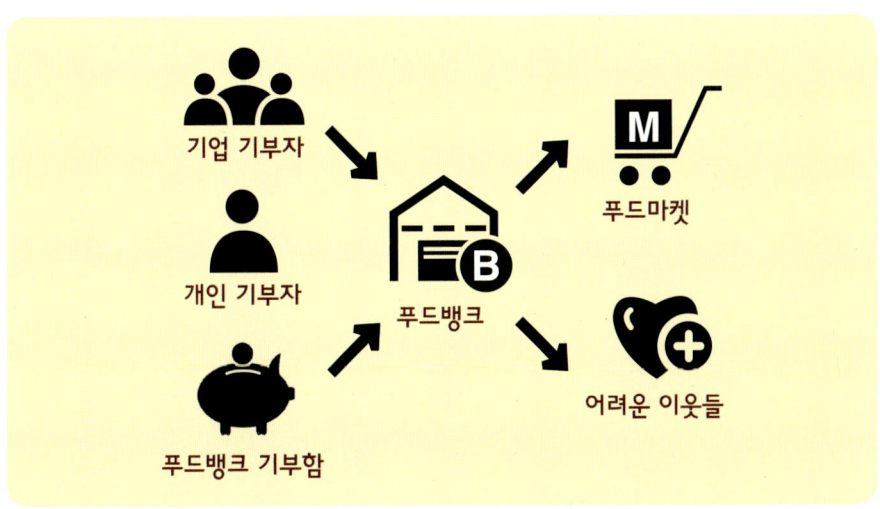

세 번째 나눔 이야기

안녕? 나는 독립운동가 '이회영'이야.
'오성과 한음'의 오성 이항복 대감의 후손이지.
우리 집안은 영의정이나 좌의정 같은 정승을
무려 10명이나 낼 만큼 조선 최고의
명문가였어. 하지만 우리 집안의
최고 자랑은 나라가 일본에 빼앗기자
가족 모두 재산과 권력을 내놓고
만주로 건너가 목숨 걸고 독립운동을 한 거란다.
지금으로 따지면 600억 원에 가까운 돈을
독립운동 자금으로 내놓기도 했지.
어마어마한 돈이라고? 하지만 나라가
없다면 그 돈이 무슨 소용 있을까?

내 것을 버려 모두를 구한 독립운동가, 이회영

모든 것을 버리고 떠나다

"형님들, 그리고 아우님들!"

이회영은 형제들의 얼굴을 차례차례 바라보며 말했어요. 한 방에 모여 있는 이 여섯 명의 형제는 오성과 한음으로 잘 알려진 오성대감 이항복의 후손들이었어요.

"그래, 말해 보게. 급히 의논할 일이라는 게 뭔가?"

형과 동생들은 넷째인 이회영의 다음 말을 기다렸어요. 이회영은 말을 잇는 대신 길게 한숨을 내쉬었어요.

"휴……."

굳은 얼굴로 한참을 망설이던 이회영은 드디어 천천히 입을 떼었어요.

"형님과 아우님들은 모두 백이와 숙제 이야기를 아시죠?"

이회영이 말하는 백이와 숙제 형제는 옛날 중국 은나라의 신하였어요. 주나라의 공격으로 은나라가 망하자, 주나라 땅에서 나는 곡식은 단 한 톨도 먹지 않겠다며 산속으로 들어가 평생 풀뿌리만 캐 먹다가 죽었다는 전설적인 인물들이죠.

이회영의 이야기를 듣고 맏형인 이건영이 천천히 고개를 끄덕이며 말했어요.

"회영이가 무슨 말을 하려는지 알겠다. 폐하가 강제로 일본과 조약을 맺으시고, 이완용이 나라를 팔아먹어 부자가 되었다는 소식을 듣고 나도 백이와 숙제를 떠올렸었다."

이건영은 이른바 '한일합방'에 대한 이야기를 하는 거였어요. 순종 황제가 얼마 전, '대한제국에 대한 모든 통치권을 일본에 넘긴다.'고 발표하면서 이제 500여 년 역사를 가진 조선은 순종을 끝으로 역사에서 사라져 버린 거예요.

"네. 슬픈 일이지요. 우리는 공신(나라를 위하여 특별히 공을 세운 신하)의 후손입니다. 이것은 우리 형제가 나라와 운명을 같이 해야 한다는 의미이기도 합니다. 나라가 왜놈들 손에 넘어가 버린 상황에서 우리 가문이 그들의 노예가 되어 생명을 이어간다면 짐승과 다르지 않을 것입니다. 이제 목숨을 걸고 나라를 되찾아야 합니다."

이회영은 커다란 지도를 펼치고 손가락으로 한 곳을 가리켰어요. 그가 가리킨 곳은 압록강 북쪽, 만주 지역이었어요.

"저는 먼저 식구들과 함께 중국으로 가서 터를 잡은 후에, 나라를 되찾는 일에 앞장서려고 합니다. 부디 형님들과 아우님들은 제 뜻을 헤아려 주십시오."

"그래, 회영이 말이 맞다. 왜놈이 다스리는 이 땅에서 어찌 살겠느냐!"

둘째 이석영에 이어 이회영의 바로 아래 동생, 즉 다섯 째 이시영이 결의에 찬 목소리로 말했어요.

"형님, 저도 따르겠습니다."

형제들 중 누구도 이회영의 뜻에 반대하는 사람이 없었어요. 이제 상상도 하지 못할 힘든 길을 걸어야 할 형제들은 서로 손을 잡았어요.

그들은 아무것도 두렵지 않았어요.

이회영과 형제들은 서둘러 집과 땅을 팔아 독립운동에 필요한 돈

을 마련했어요. 그들이 모은 돈은 어마어마하게 많았어요. 특히 육 형제 중 둘째인 이석영은 당시에 손꼽히는 부자였는데, 그가 전 재산을 팔아 기부한 돈은 지금으로 따지면 600억 원에 가까운 돈이었지요.

준비를 마친 이회영의 형제들과 그 가족들은 1910년 12월, 서울을 떠나 압록강을 건넜어요.

일주일이 넘게 만주 벌판을 헤매며 영하 이삼십 도를 오르내리는 강추위로 얼굴과 발이 동상에 걸려 괴로웠지만, 사랑하는 조국이 점점 멀어지는 고통에는 비할 수가 없었어요.

한편, 이회영의 형제들 소식을 전해 들은 사람들은 몹시 놀라워했어요.

"육 형제랑 그 식구들 모두가 만주로 독립운동을 하러 갔대!"
"세상에! 부와 권력을 다 버리고 떠나다니!"
"쉬운 일이 아니었을 텐데. 정말 대단해!"
"과연 오성 대감 이항복의 후손들답군."

당시만 해도 독립운동은 양반들과는 거리가 먼 이야기였거든요. 일본은 강제로 우리나라를 빼앗으면서 양반들에게 땅과 돈을 주어 그들을 자기편으로 만들려고 했고, 일부 양반들은 일본의 눈치를 보느라 여념이 없었으니까요.

새로운 세상을 꿈꾼 명문가의 아들

우당 이회영의 집안은 백사 이항복 이래 대대로 높은 벼슬을 지내며 엄청난 부와 명예를 누려오고 있었어요. 이항복을 포함해서 영의정이나 좌의정 등의 정승이 무려 10명이나 될 만큼 조선 최고의 명문이었죠.

이회영의 아버지 이유승은 지금의 장관에 해당하는 이조판서까지 지냈는데, 그는 이건영, 이석영, 이철영, 이회영, 이시영, 이호영 이렇게 여섯 명의 아들을 두었죠. 이중 넷째인 이회영은, 조선의 양반집 아이들이 모두 그랬듯이 어렸을 때부터 한문을 익히며 유교를 배웠어요. 하지만 그는 서양의 문물에 대해 너무도 궁금한 게 많았어요.

"형님, 저도 신학문 책을 보고 싶어요."

둘째 형 석영은 동생을 위해 청나라에서 들어온 신학문 책을 구해 주었어요. 그 후, 이회영은 세계사와 경제, 법학과 수학 등을 공부하고 벗들과 조선의 앞날을 이야기하기도 했어요. 그러던 어느 날, 이회영이 가족들 앞에서 당당하게 선언했어요.

"저는 과거 시험을 치르지 않겠습니다."

이회영의 말에 놀란 가족들이 물었어요.

"뭐? 지금 뭐라고 한 게냐?"

"세상이 변하고 있는데 옛 학문을 공부해서 벼슬에 오른들 무슨 소용이 있겠습니까? 저는 나라를 위해 다른 길을 가겠습니다."

당시에 과거를 치르지 않는다는 것은, 벼슬길로 나가서 출세를 하지 않겠다는 것과 같은 말이었지만 아무도 그의 결심을 말릴 수 없었어요.

이회영은 신학문을 공부하면서 사람이 평등하다는 사실을 깨달았어요. 그래서 노비들에게 존댓말을 하기도 했죠.

"돌쇠 아버님, 몸은 좀 어떠십니까?"

"개똥이 아버님, 오늘도 수고 많으셨습니다."

다른 양반들이 그런 회영을 두고 손가락질하자, 동생 시영이 물었어요.

"형님, 왜 머슴들에게 존대를 하십니까?"

"사람이 날 때부터 양반과 상놈으로 나뉘는 건 너무 불평등한 제도야. 말도 안 된다고."

내 것을 버려 모두를 구한 독립운동가, 이회영

이회영은 노비 문서를 불태워 집안의 모든 노비를 자유로운 몸이 되게 해 주기도 했어요.

"이제 여러분은 더 이상 노비가 아닙니다. 당당한 한 인간으로 사십시오."

"정말 고맙습니다, 주인 나으리!"

노비들은 기쁨의 눈물을 흘리며 이회영에게 진심어린 감사의 인사를 했어요.

"제게 고마워하실 것 없습니다. 이 나라의 모든 백성이 주인입니다."

벼슬을 포기한 이회영은 상동 교회 청년 학교에서 교사 생활을 했어요. 상동 교회에는 나라와 백성들을 걱정하는 청년들로 늘 북

적거렸는데, 을사조약(일본이 한국의 외교권을 빼앗기 위하여 강제적으로 맺은 조약)이 맺어지며 국운이 기울자 이회영은 독립운동 비밀결사 단체인 '신민회'를 조직했지요.

이회영은 하루 빨리 을사조약이 무효라는 것과 일본의 만행을 다른 나라에 알려야 한다고 생각했어요. 마침 고종 황제는 네덜란드의 헤이그에서 열리는 만국평화회의에 이상설, 이준, 이위종을 비밀리에 보내 일본의 만행을 밝히고자 했어요. 이회영은 고종에게 특사 파견을 제안했고, 고종의 편지를 특사에게 전달하는 중요한 역할을 했지요. 이것이 바로 유명한 헤이그 특사 사건입니다.

하지만 목숨을 건 노력에도 불구하고 1910년, 일제에게 나라를 빼앗기자 이회영은 큰 슬픔에 빠졌어요. 그의 머릿속에는 오직 나라 걱정뿐이었어요.

'아, 이 나라의 운명을 되돌릴 길을 어디서 찾는단 말인가…….'

고민을 거듭하던 이회영은 길게 앞날을 내다보기로 했어요.

'그래, 일본의 감시를 벗어난 안전한 곳에 독립운동의 터를 마련하자!'

이회영은 형제들을 설득했고, 마침내 60명이 넘는 가족들이 만주로 향하게 된 거예요.

독립군의 고향, 신흥무관학교

　이회영과 가족들이 도착한 곳은 압록강 북쪽 유하현 삼원포의 '추가가'라는 작은 마을이었어요.
　황량한 들판 끝머리에 위치한 이 마을은 뒤로는 산이 있어 위급한 상황이 닥치면 피하기 쉽고, 앞으로 펼쳐진 넓은 평야는 농사를 짓고 군사 훈련을 하기에 알맞아서 독립운동 기지로는 나무랄 데 없는 곳이었어요.
　이회영이 도착한 후, 독립 운동가들이 속속 도착하기 시작했어요. 그들은 대부분 의병 출신과 대한제국 무관 출신이었죠.
　많은 사람들이 모이자, 이회영은 독립운동 기지 건설을 결의하는 대회를 열고 외쳤어요.

"독립운동을 하려면 학문을 넓혀서 국제 정치의 흐름을 이해하고 동시에, 힘든 투쟁에 굴하지 않는 강한 체력과 정신력을 키워야 합니다."

이렇게 해서 세워진 것이 '농사를 지으며 민족 교육을 실시하는 곳'이라는 의미의 '경학사'인데, 이곳에서 이회영은 학생들과 함께 농사를 짓고 민족 교육에 힘써 그들의 애국심을 드높였죠.

이회영은 서울에서 신민회를 함께 만들었던 이동녕과 함께 허름한 창고를 빌려 무관학교를 열었어요.

신민회의 '신'자에다 힘차게 일어나라는 뜻의 '흥'자를 붙여 '신흥무관강습소'라는 간판을 달았죠. 드디어 항일 무장 독립운동의 신호탄이 울린 거예요.

신흥강습소가 문을 열었다는 소문이 나자 한국인들이 더 많이 몰려들었어요. 대부분 독립운동의 뜻을 품은 사람들이었지요.

어느새 삼원포 곳곳에 한인촌들이 생겨났는데, 중국인들은 이를 못마땅하게 여겼어요.

일본의 지배를 받게 된 조선 사람들이 중국 땅에 정착하면 언젠가는 그들을 보호한다는 핑계로 일본군이 중국으로 올지 모른다고 생각한 거예요.

그들은 회의를 열고 다음과 같이 결정했어요.

지금부터는 한국인에게 땅을 팔지 않겠다. 또한, 한국인들이 집과 교육 시설을 세우는 것도 금지한다.

독립기지를 세우기 위해서는 땅이 꼭 필요했기 때문에 이회영 일행은 발을 동동 굴렀어요.

"우당, 이 일을 어쩌면 좋단 말이오!"

"내가 직접 가보겠소."

이회영은 북경으로 향했고, 중국에서 가장 높은 권력자인 총리를 만나는 데 성공했어요.

"저희가 만주로 온 것은 왜적을 무찌르기 위해서입니다. 중국과 조선은 형제의 나라로서 어려울 때 서로 도왔습니다. 그리고 조선이 망하면 중국에도 큰 위험이 닥칠 수 있습니다."

"흠……. 그대가 원하는 게 무엇이오?"

"나라를 되찾기 위해 모인 동포들이 안전하게 살 땅이 필요합니다. 중국인들에게 폐를 끼치는 일은 결코 없을 것입니다. 뒷날 나라를 되찾으면, 베풀어 주신 은혜를 결코 잊지 않을 것입니다."

"허허. 알겠소. 조선에 그대와 같은 사람이 있으니 언젠가는 나라를 되찾게 될 것이오."

이렇게 해서 이회영은 총리가 보낸 부하의 도움으로 '추가가'에서 조금 떨어진 '합니하' 근처의 땅을 사들였어요.

안에서는 밖이 잘 보이지만, 밖에서는 안이 잘 안 보이는 그야말로 천연 요새인 마을이었죠.

이곳에서 이회영은 다른 독립운동가들과 힘을 합쳐 신흥무관학교를 세웠어요.

산 중턱에 교실을 짓느라 직접 땅을 파고, 무거운 돌과 흙, 나무를 날라야 했지만, 누구 하나 불평하는 사람이 없었죠.

주위의 눈을 피하기 위해 '신흥강습소'라는 이름이 붙여진 신흥무관학교에는 백여 명에 가까운 학생들이 입학했어요. 그들은 새벽부터 밤까지

지리와 역사, 군대 전술을 배워 나갔어요.

추운 날씨 속에서 온 몸이 상처와 먼지투성이가 되어 산을 타는 훈련을 받기도 했지요.

신흥무관학교 살림을 꾸려 나가기 위해서는 이회영 일가의 큰 희생이 필요했어요. 젊은이들과 교관들, 그들의 가족까지 수백 명이 넘는 식구를 먹이고 입히고 재운다는 것은 결코 만만한 일이 아니었거든요.

청년들을 뒷바라지하느라 이시영의 부인이 과로로 숨을 거뒀고, 전염병으로 이시영의 남매를 비롯한 많은 이들이 목숨을 잃었죠.

또, 모든 사람들이 농사를 짓고 식량을 아껴 먹었지만, 심한 가뭄과 서리가 겹쳐 농작물들은 죽어 갔고, 곡식값은 크게 올랐지요. 이회영 일가의 재산은 점점 바닥을 드러내기 시작했어요.

마지막 혼을 바치다

 몇 년 뒤인 1913년, 신흥무관학교를 이끌던 사람들을 암살하기 위해 일본 비밀경찰이 도착할 거라는 소식이 전해졌어요.
 그런데 이회영은 멀리 몸을 피하기는커녕 서울로 가겠다고 했어요.
 "우당, 지금 서울로 가시면 바로 놈들에게 잡히고 말겁니다."
 "알고 있소. 하지만 숨어만 다니면 죽은 것과 무엇이 다르겠습니까. 동지들이 보낸 돈도 끊어져서 지금 있는 돈으로는 더 버티기 힘듭니다. 저는 서울로 가서 돈을 지원받을 길을 마련해 보겠습니다."
 아무도 이회영의 굳은 뜻을 꺾을 수 없었어요.

결국 서울로 가 독립운동에 필요한 돈을 마련하던 이회영은 얼마 지나지 않아 일본 경찰에 붙잡히고 말았어요.

그들은 새벽에 이회영의 집으로 들이닥쳐 다짜고짜 종로 경찰서로 끌고 가 심문을 했어요.

"만주로 간 이유는?"

"땅을 사서 농사를 지어 돈을 벌려고 했다."

"무관학교를 세워 훈련한다는 사실을 다 알고 있소. 솔직히 말하시오."

"대체 무슨 소린지 모르겠다."

"거짓말 마시오! 만주에서 여러 사람들과 독립운동을 하는 것 아

니오?"

"말도 안 된다. 내 가장 큰 소원은 큰 부자가 되는 것이다."

일본은 이회영을 처벌할 수 없었어요. 명문가의 대가족이 어마어마한 재산을 들고 망명했다는 사실이 알려지는 게 두려웠거든요.

경찰서에서 풀려난 이회영은 서울에서 독립운동에 필요한 돈을 모으기로 했어요. 그러던 중 고종 황제를 해외로 망명시키는 어마어마한 계획을 세우게 되지요. 당시 일본은 한일병합이 고종이 허락한 것이라고 떠들었는데, 고종이 망명을 해서 독립을 선언하면, 이 모든 것이 거짓으로 드러나 독립운동이 힘을 얻을 수 있기 때문이에요.

하지만 1919년, 일본이 꾸민 음모 때문에 고종 황제는 세상을 떠나고 말았습니다. 이회영은 분하고 안타까운 마음에 땅을 칠 수 밖에 없었어요.

서울에서 할 일이 없어진 이회영은 짐을 정리해서 중국으로 가는 배에 몸을 실었어요. 그는 러시아, 중국의 베이징과 상하이 등지를 돌면서 독립운동을 이어 나갔어요.

그러던 1919년, 온 국민이 일으킨 3·1 독립운동은 중국과 러시아 등에서 힘겨운 싸움을 벌이던 독립운동가들에게 큰 힘을 불어넣어 주었어요.

일본에 맞서 나라를 되찾아야 한다는 뜻으로 많은 이들이 중국의 항구 도시 상하이에 모여들었어요. 그들은 임시로 정부를 만들자고 했지만, 이회영은 이 의견에 반대했어요. 사람들이 그 이유를 묻자 이렇게 대답했지요.

"정부를 만들면 권력을 놓고 다툼이 생길 수 있기 때문이오."

실제로 임시 정부에서 중요한 자리를 차지해 훗날 조국이 해방되었을 때 큰 권력을 쥐어야겠다고 생각하는 사람들도 있었어요.

"지금은 정부보다 독립운동을 위한 총본부 같은 조직을 만들어야 하오."

하지만 이회영의 생각에 동의하는 사람은 많지 않았어요. 그들의 눈에 이회영은 깐깐하고 고집 센 노인일 뿐이었으니까요.

결국, 이회영의 뜻과는 반대로 임시 정부가 만들어지고 이승만이 초대 대통령 자리에 오르자, 그는 상해를 떠나 북경으로 활동 무대를 옮겼어요. 그러나 그곳에서 이회영을 기다린 것은 신흥무관학교가 역사 속으로 사라졌다는 안타까운 소식뿐이었지요.

독립은 쉽게 이루어지지 않았어요. 형제들과 뿔뿔이 흩어진 이회영의 형편도 어려워져, 툭하면 며칠씩 굶는 비참한 생활이 이어졌지요.

하지만 이회영은 포기하지 않았어요. 1925년, 몇 해째 제대로 먹지 못해 뼈만 남은 노인의 몸으로 직접 '다물단'을 조직해 친일파 처단에 앞장섰어요. 그리고 드디어 1932년, 비장한 결심을 하게 돼요. 항일 의병을 길러낼 수 있는 독립운동 기지를 세우기 위해 만주로 가는 멀고 험한 길에 오르기로 한 거예요. 그의 나이가 이미 예순이 훨씬 넘었기 때문에 많은 동지들이 그를 말렸어요.

"선생님, 이 일은 무리입니다. 꼭 해야 한다면 젊은 저희가 하겠습니다."

"아닐세. 나는 평생 많은 젊은이들을 죽음으로 내몬 것이나 마찬가지네. 앞길이 창창했던 그들을 생각하면 가슴이 미어질 것 같아. 이제 드디어 내 차례가 온 것이니, 날 말리지 말게."

사람들은 흔들림 없는 이회영의 모습을 보며, 그의 결심을 되돌리기 어렵다는 것을 느꼈어요. 이회영은 상해로 온 형 이석영과 작별 인사를 나누었어요.

"형님, 제가 다시 먼 길을 떠나려고 합니다."

"그래, 몸조심해라. 그리고 꼭 다시 만나자꾸나."

눈물로 인사를 마친 이회영은 중국으로 가는 배에 올랐어요. 그리고 사람들을 향해 천천히 손을 흔들었지요.

하지만 이것이 그의 마지막 모습이었어요. 미리 정보를 듣고 기다리던 일본 경찰에 의해 곧 체포되었으니까요. 이회영은 감옥으로 보내져 온갖 잔인한 고문을 버텨 내다가 결국 예순 여섯이 되던 해, 파란만장한 생을 마칩니다.

집도, 몸도, 넋까지 남김없이 조국에 바친 거룩한 삶이었지요.

사회 지도층의 바람직한 역할

이회영은 1867년, 일본이 우리나라를 자주 침략하던 시기에 이조판서 이유승의 넷째 아들로 태어났어요. 이회영의 집안은 9대가 정승·판서·참판을 지낸 그야말로 조선 최고의 명문가였지요. 대단한 권력을 지녔을 뿐 아니라 막대한 재산을 가진 가문으로도 유명했습니다.

그러나 1910년 한일병합조약이 체결되고 대한제국의 통치권이 일본에 넘어가는 국치를 당하자, 이회영의 형제들은 모든 권력과 재산을 과감하게 버립니다. 독립운동에 뜻을 모은 건영, 석영, 철영, 회영, 시영, 호영 등 6명의 형제가 50여 명의 가족을 끌고 만주로 향하지요. 형 석영은 6천 석(石)을 거두는 토지를 모두 독립운동 자금으로 내놓았는데 이는 지금의 600억 원에 해당하는 어마어마한 돈이었어요.

만주와 상해 등 광활한 대륙에서 항일 투쟁을 위해 그들 형제와 가족들이 겪은 고초와 희생은 말로 표현할 수 없을 정도였어요. 이회영의 아들이 훗날 "일주일에 세 끼를 먹으면 잘 먹을 정도였지만, 궁핍이 아버지의 독립 의지를 꺾지는 못했다."고 회고할 정도였으니까요.

이회영과 그의 형제들은 만주로 건너간 뒤 무장 투쟁에 있어 가장 기초적이며 뿌리가 되는 무관학교인 '신흥무관학교'를 세웁니다. 이곳에서 배출된 독립군은 약 3천 5백여 명인데, 이들은 독립운동의 현장과 무장 투쟁의 주역들이었지요. 특히 청산리 대첩에서 신흥무관학교의 교관들은, 일본군보다 훨씬 적은 숫자로 일본군 1,200여 명을 사살해 세상을 놀라게 하기도 했습니다.

또, 신흥무관학교 출신들은 홍범도가 지휘한 봉오동 전투 등 무장 투쟁에서 큰 성과를 거뒀을 뿐만 아니라 군부대를 제외한 독립운동의 현장에서도 제 역할을 톡톡히 해 냈어요. 김원봉이 이끄는 '의열단'이 그 대표적인 경우인데, 조선총독부와 경찰서, 관공서 등에 폭탄을 던지거나 일본 정치가와 군인에 총을 쏘는 등, 의혈 투쟁에 나선 핵심 인물들 대다수가 신흥무관학교 출신이었죠. 이들은 이 밖에도 광복군 활동 등 항일 무장 투쟁에서 맹활약을 펼쳤을 뿐 아니라 각지에 수많은 제2의 신흥무관학교를 만들어 만주, 러시아, 중국 지역의 항일 투쟁에도 많은 영향을 주었어요.

만일 신흥무관학교가 없었다면 우리 독립운동의 역사는 지금 우리가 알고 있는 것보다 훨씬 초라했을 거예요. 특히 석영, 회영, 호영 3형제가 만주와 중국에서 일본의 잔혹한 고문에 순국했고, 해방 후에 50여 명의 가족 중 20여 명밖에 조국에 돌아오지 못했다는 사실은 그들의 희생과 헌신이 얼마나 위대한 것이었는지 깨닫게 해 줍니다. 이는 역사상 유례를 찾기 어려운, '노블레스 오블리주'를 훨씬 뛰어넘는 가문 차원의 헌신이라고 할 수 있지요.

▲ 청산리 대첩 기념 사진 ©연합뉴스

또 다른 나눔 이야기

1%에 맞서 99%의 나라를 꿈꾼 세종대왕

　사람들에게 존경하는 우리나라 왕이 누구냐고 물어 보면 대부분 세종대왕을 꼽아요. 실제로 세종은 조선 시대 왕 가운데 가장 뛰어난 능력을 가진 왕이었고, 많은 업적을 남겼다는 평가를 받고 있죠. 하지만 세종이 위대한 성군일 수 있었던 것은 꼭 이런 능력 때문만은 아니에요. 세종은 백성들을 진심으로 사랑한 어진 왕이었어요.

　세종은 죄인의 형벌을 없애 주기 위한 사면령을 자주 내렸고, 군사들을 기한이 되기 전에 돌려보내곤 했어요. 또, 노비들의 처지를 좋게 바꾸기 위해 주인이 노비에게 혹독한 형벌을 주지 못하게 하거나 실수로라도 노비를 죽인 주인을 처벌하도록 했죠. 그리고 나랏일을 보는 관가의 여자 노비들에게 출산 휴가를 늘리는 등 많은 배려를 했어요. 신하들은 왕이 백성들을 지나치게 위하면 백성들이 요행수(뜻밖에 얻는 좋은 운수)를 바라게 된다며 반대했지만, 세종은 백성들을 위한 정책을 많이 펼쳤어요.

　세종대왕의 대표적인 업적인 훈민정음 창제도 백성을 사랑하는 애민정신에서 비롯되었지요. 백성들은 한자로 우리말을 표현하지 못했어요. 물론 배우기조차 쉽지 않았죠. 이런 백성들을 위해서 훈민정음이 만들어졌고, 많은 백성들이 배우기 쉬운 한글로 자신의 뜻을 나타낼 수 있게 되었어요. 처음에는 세종대왕 주위의 신하들, 특히 정치에 영향력이 있는 높은 자리에 있는 사람들이 훈민정음 만드는 것을 반대했어요. 그 이유도 가지각색이었죠. 중국의 뜻을 거스르는 일이다, 백성들이 문자를 안다고 해서 더 나아질 것은 없다, 글자가 쉬우면 학문을 게을리 할 것이다 등등 수도 없는 반대 의견에 부딪혔죠. 가장 큰 이유는 백성들이 글을 알아 똑똑해지면, 자신들의 지위와 권력이 위협당할 것이 두려워서였어요. 하지만 세종대왕은 이에 굴하지 않았어요. 99%의 백성을 위해 1%의 기득권 세력에 용기 있게 맞섰어요. 백성들이 나라의 근본이니 그들을 편안하게 하는 것이 왕이 할 일이라고 생각했고, 힘겨운 노력 끝에 훈민정음을 만들었어요. 이제 백성들은 더 이상 글을 몰라 억울한 일을 당하지 않아도 됐어요. 세종대왕은 '나눔 정신'으로 백성들에게 행복을 나누어 준 거예요.

네 번째 나눔 이야기

안녕? 난 전 세계 어린이의 어머니
'에글렌타인'이야.
내가 이렇게 모두의 어머니가 된 건,
아동권리선언문 초안을 발표했고
그것이 오늘날의 유엔아동권리협약이
되었기 때문이야.
그리고 내가 만든 '세이브더칠드런'이
백 년 가까이 전 세계 어린이들의
행복을 위해 힘쓰고 있기 때문이지.
나는 돈이 많지도, 똑똑하지도,
높은 자리에 있지도 않지만 마음만은 최고 부자야.
많이 가져야 나눌 수 있다는 편견을 버리고,
나처럼 '1%의 위대한 나눔'을 시작해 보자고!

거리의 아이

"어제부터 아무것도 먹지 못했어요. 제발 도와주세요."

에글렌타인이 막 도로를 건너려고 할 때 누군가 뒤에서 치마를 당기며 말을 걸어 왔어요. 깜짝 놀란 에글렌타인은 뒤를 돌아보았어요. 7, 8세 정도 되는 아이가 에글렌타인의 치마를 잡고 있었어요. 아이는 삐쩍 마른 모습에 얼룩이 잔뜩 묻은 옷을 입고 있었죠. 아이는 이런 구걸이 익숙해 보였어요.

"어머니는 어디 계시니?"

에글렌타인이 아이를 보며 물었어요.

"전쟁 중에 돌아가셨어요. 지금은 형하고 둘이 살아요."

똘망똘망한 눈으로 에글렌타인을 바라보는 아이의 표정이 천진

해 보였어요. 에글렌타인은 지갑에서 동전을 꺼내 아이 손에 쥐어 주었어요. 동전을 받은 아이는 냉큼 뒤를 돌아 뛰었어요. 도로 건너에 있는 다른 아이에게 손짓을 하더니 둘이 함께 골목 안으로 들어가 버렸지요.

"언니, 거리에 구걸하는 아이들이 많아요."

동생 도로시가 에글렌타인에게 말했어요. 도로시는 길 건너에 있는 마차를 가리켰어요. 무엇이든 구걸을 해 보려고 마차 주변으로 아이들이 여러 명 모여들었어요.

"전쟁이 끝나고 연합국에서 봉쇄령을 내렸거든. 이곳 오스트리아뿐 아니라 독일도 마찬가지야. 외국에서 물건이 들어올 수 없어. 나라 안에 곡식이나 생필품이 모자랄 수밖에 없는 상황이야. 집에 먹을 것이 떨어지면 아이들이나 여자들이 구걸하러 돌아다닐 수밖에 없을 거야."

"그러게. 도시가 이 정도면 시골은 상황이 더 나쁘겠어요."

두 자매는 화창한 날씨에도 우울해 보이는 사람들을 보며 한숨을 쉬었어요.

에글렌타인과 도로시는 아이가 뛰어갔던 길을 따라 골목 안으로 들어갔어요. 골목 안은 쓰레기와 오물로 지저분했어요. 뛰어노는 아이들로 북적거려야 할 동네 골목은 유난히 조용했어요. 가끔 문 앞에 기대어 있는 아이들의 모습이 눈에 띄었어요. 기운 없이 문에 기댄 아이들은 따뜻한 햇볕에 꾸벅꾸벅 졸기도 했어요.

"언니, 아이들 기운이 하나도 없어 보여요."

"전쟁이 나면 언제나 아이들과 약한 사람들이 더욱 살기 힘들어지는구나."

에글렌타인은 아이들의 모습에 가슴이 아팠어요.

골목을 거의 벗어날 즈음 두 자매는 집 앞에 앉아 있는 젊은 여인을 보았어요. 여인의 품에는 작은 아이가 안겨 있었어요. 아이가 아픈지 여인은 따뜻한 날씨인데도 두꺼운 이불로 아이를 감싸 안고 있었어요. 에글렌타인은 고향에 있는 조카 생각이 났어요. 에글렌타인은 잠든 아기의 얼굴이 한번 보고 싶었어요.

"아이가 몇 살이에요? 우리 조카는 두 살인데, 나이가 비슷해 보이네요."

젊은 여인은 가만히 고개를 저으며 말했어요.

"벌써 여섯 살이나 된 아이에요. 오랫동안 먹을 것을 못

먹어서 자라지 못했답니다."

　에글렌타인은 깜짝 놀랐어요. 여섯 살이라고 하기에 여인의 품에 있는 아이가 너무 작아 보였기 때문에요. 아이가 얼마나 굶었는지 볼이 쏙 들어가 눈밖에 보이지 않았어요. 여섯 살의 여자아이는 마치 이제 막 걸음마를 뗀 아기처럼 보였어요. 몸은 너무 말라 가슴과 배에 갈비뼈가 훤히 보일 지경이었어요. 아이의 얼굴을 본 에글렌타인은 자신도 모르게 눈물이 주르르 흘렀어요.

봉쇄령을 풀어 주세요

"언니, 내일도 찾아갈 거예요? 어쩜 사람들이 그렇게 통 만나 주지도 않을까요?"

도로시는 에글렌타인을 바라보며 한숨을 쉬었어요.

에글렌타인은 오스트리아에서 영국으로 돌아온 후 하루도 쉴 수 없었어요. 아무리 적국이라지만 그곳에 사는 아이들의 모습은 너무 처참했어요. 아이들 모습을 떠올리면 에글렌타인은 가만히 앉아 있을 수 없었어요. 에글렌타인은 오늘도 영국 정부를 설득하기 위해 열심히 사람들을 찾아다녔어요.

"또 왔군요. 이래도 소용없어요."

정부에서 일하는 사람들은 에글렌타인을 보자마자 얼굴을 찌푸

렸어요.

"제발 제 얘기를 들어주세요."

"아주머니가 얘기하는 내용이 얼마나 위험한지 모르는 모양인데요. 잘못하다가 국가 반역죄로 잡혀갈 수 있어요."

"아이들에게 먹을 것을 보내 주자는 것뿐이에요."

"적국의 봉쇄령을 풀자는 것은 적국 편을 들어 주자는 이야기와 똑같아요."

"전쟁이나 정치는 높은 사람들이 하지만 그것 때문에 피해를 보는 것은 아이들이에요."

에글렌타인이 아무리 설명을 해도 관리는 그녀의 얘기를 듣지 않았어요.

오히려 에글렌타인의 행동에 문제가 있다며 몰아붙이기까지 했어요. 하지만 에글렌타인은 포기할 수 없었어요. 누군가 그 아이들을 위해 노력하지 않는다면, 아이들의 불행은 끝나지 않을 테니까요.

에글렌타인은 동생 도로시와 어떻게 하면 독일과 오스트리아의 봉쇄령을 풀 수 있을까 고민했어요.

"도로시, 우리 힘만으로는 안 되겠어. 정부에 영향을 미칠 수 있는 사람들을 모아 보자."

"그래요, 언니. 다른 사람들과

힘을 합치면 영국 정부에서도 우리 말에 귀를 기울일 거예요."

에글렌타인과 도로시는 사람들을 열심히 만나러 다녔어요. 에글렌타인의 설득에 많은 사람들이 도움을 주었지만 연합국은 봉쇄령을 쉽게 풀지 않았어요. 전쟁에 패배한 나라에서는 수백만 명의 사람들이 굶어 죽어 갔지요. 전쟁에 진 나라뿐 아니라 이긴 나라도 어려운 상황이 되었지요. 도시는 부서지고 공장이나 산업은 파산하는 곳이 많았어요. 독일, 오스트리아뿐 아니라 유럽의 다른 나라에도 굶는 아이들이 넘쳐 났어요.

에글렌타인은 생각했어요. 봉쇄령을 푸는 것만으로 아이들의 배고픔을 해결할 수 없을 것이라는 것을 알았어요. 에글렌타인은 함께 일했던 사람들과 머리를 맞대고 고민했어요.

"아무래도 안 되겠어요. 봉쇄령을 풀어도 아이들은 계속 배고플 거예요. 다른 방법을 찾기로 해요."

에글렌타인의 말에 그녀를 지지하는 사람들은 고개를 끄덕였어요. 하지만 어떻게 해야 할지 알 수 없었어요.

"세상에는 가난에 허덕이는 사람도 많지만 여유 있는 사람들도 많아요. 그런 사람들이 아이들을 도와주면 좋을 텐데요."

"사람들을 설득해서 후원금을 걷으면 어떨까요?"

"많은 사람들이 참여만 해 준다면 굶고 있는 아이들을 위해 무언가 할 수 있을 거예요."

오랜 고민 끝에 어린이를 위한 기부금을 걷는 것이 좋겠다고 의견이 모아졌어요.

"사람들이 많이 모이는 곳을 찾아봐야겠어요."

"사람들은 모두 착한 마음을 갖고 있어요. 아이들의 어려운 사정을 얘기하면 분명 도와주겠다는 사람이 생길 거예요."

에글렌타인은 사람들이 분명 아이들을 위해 기꺼이 도움을 줄 것이라고 확신했어요. 동생 도로시도 언니를 도와 어린이들을 돕기 위한 기금 모금 운동을 벌이기로 했지요.

적국의 아이를 돕는 배신자

 일요일 한낮 런던의 트라팔가르 광장은 사람들로 북적거렸어요. 광장에 모인 사람들은 삼삼오오 모여 에글렌타인에 대해 얘기했어요.
 "적국의 아이를 돕다니 그게 말이 돼요?"
 "그러게 말이에요. 자기 아이들이나 잘 키울 것이지."
 에글렌타인이 광장에서 모금 운동을 한다는 얘기가 돌자 사람들이 광장으로 모여들었어요. 그 사람들은 에글렌타인의 얘기가 듣고 싶어서 오는 것이 아니에요. 적국의 아이를 돕는 배신자를 단단히 혼내 줘야겠다고 생각했지요.
 에글렌타인은 사람들이 모여 있는 광장으로 나갔어요. 그때 갑자기 뒤쪽에서 큰 소리가 들려왔어요.

"적국의 아이를 돕는 배신자다!"

"배신자다!"

여기저기서 소리가 들려왔어요.

에글렌타인의 옆에 있던 도로시는 너무 무서웠어요. 사람들의 눈빛과 웅성거림이 에글렌타인을 비난하는 것처럼 보였어요. 도로시는 에글렌타인의 손을 살며시 잡았어요. 에글렌타인도 도로시의 손을 꼭 잡았지요.

여기 저기 흩어져 있던 사람들이 에글렌타인이 있는 곳으로 모여

들었어요. 누군가 에글렌타인을 향해 썩은 사과를 던졌어요. 다행히 맞지는 않았지만 에글렌타인은 자신에 대한 사람들의 분노를 충분히 느낄 수 있었어요.

"에글렌타인. 안 되겠어요. 조금 분위기가 진정되면 그때 다시 모금 운동을 벌이는 게 좋겠어요."

하지만 에글렌타인은 고개를 저었어요.

그리고 그녀를 보호하기 위해 둘러싼 사람들에게 조용히 말했지요.

"아니요. 여기서 더 늦어지면 아이들은 모두 굶어 죽고 말 거예요."

에글렌타인은 화가 잔뜩 난 사람들 앞으로 천천히 걸어갔어요. 도망갈 줄만 알았던 에글렌타인이 앞으로 걸어 나오자 사람들은 놀란 눈으로 그녀를 쳐다봤어요. 일순간 광장은 조용해졌어요.

에글렌타인은 조용히 품에서 작은 사진을 꺼내들었어요. 사진 안에는 오스트리아에서 만났던 여섯 살짜리 아이가 서 있었지요.

"이 아이는 지금 여섯

살입니다. 저는 맨 처음 이 아이를 보았을 때 두 살짜리 아기인 줄 알았습니다. 오랫동안 굶어서 자라지 못한 거예요. 이 아이가 어떻게 우리의 적이란 말입니까? 이 아이는 우리가 보호해 줘야 할 작고 여린 생명일 뿐입니다."

그녀의 차분하고 조용한 연설은 사람들의 가슴을 움직였어요.

검사가 낸 첫 기부금

　에글렌타인은 어린이들을 도와주기 위한 모임을 만들었어요. 모임의 이름은 세이브더칠드런(Save the Children). 어려움에 빠진 아이들을 도와준다는 의미에서 만들어진 이름이에요.
　에글렌타인은 전보다 훨씬 바빠졌어요. 아이들이 얼마나 고통받고 있는지 알리기 위해 사람들이 많이 모이는 곳이라면 어디든 쫓아다녔어요.
　"어떻게 하면 사람들이 좀 더 관심을 가질까요?"
　"에글렌타인. 사람들은 어떤 연설보다 아이들의 얘기에 감동받을 거예요. 분명히 아이들의 힘든 모습이 사람들의 마음을 움직일 거예요."

세이브더칠드런 출범식이 있는 날, 에글렌타인은 오스트리아에서 만났던 여섯 살 여자아이의 사진을 나눠 주기로 했어요. 어른들의 욕심이 아이들에게 얼마나 가혹한 고통을 주는지 직접 보여 주기로 한 것이지요.

출범식은 런던의 로열 알버트홀에서 열렸어요. 사람들이 많이 모였어요. 하지만 모두 에글렌타인의 생각에 박수를 보내지는 않았어요. 어떤 사람들은 도대체 무슨 소리를 하나 들어보자 생각했고요, 또 다른 사람들은 에글렌타인을 반대하기 위해 오기도 했어요.

에글렌타인은 자신의 어떤 말보다 전단지 속 아이의 사진이, 사람들의 마음을 움직일 거라고 생각했어요. 갓난아이 같은 여섯 살 소녀의 앙상한 몸과 간절한 눈빛.

로열 알버트홀에 모인 사람들은 모두 충격을 받았어요.

세이브더칠드런의 전단지는 적국의 아이들에 대해 생각해 보는 계기가 되었어요. 사람들은 적국에 내려진 봉쇄령이 얼마나 사람들을 고통스럽게 하는지 얘기했어요.

영국 정부는 에글렌타인을 괘씸하게 생각했어요. 에글렌타인이 대회장에서 뿌린 전단지를 빌미로 그녀를 체포해야겠다고 생각했지요.

에글렌타인을 고소한 검사는 고민이 되었어요. 나라의 법도 중요하지만 에글렌타인의 생각이 옳다고 믿었거든요. 검사는 여러 가지 방법을 생각해 보았지만 도무지 좋은 생각이 떠오르지 않았어요. 법도 지키면서 에글렌타인도 보호할 방법을 찾고 싶었어요. 며칠 밤을 하얗게 지새우던 검사는 재판 날 아침, 신문을 보다 무릎을 '탁!' 하고 내리쳤어요. 좋은 생각이 떠올랐기 때문이지요.

에글렌타인은 재판에서 벌금으로 5파운드를 내라고 판결을 받았어요. 하지만 이에 앞서 에글렌타인을 고소했던 검사는 세이브더칠드런에 5파운드를 기부했어요. 결국 에글렌타인은 검사가 기부한 5파운드로 벌금을 낸 것이지요. 에글렌타인의 용기와 행동에 검사 또한 마음속 깊이 응원을 보냈던 거예요.

에글렌타인의 재판이 알려지면서 사람들의 관심이 높아졌어요. 에글렌타인은 세이브더칠드런이 만들어진 첫해에 40만 파운드의 기부금을 모았어요. 지금 우리나라 돈으로 계산하면 180억이 넘는 어마어마한 돈이었지요.

세계 어린이의 어머니로

　전쟁이 끝나고 1, 2년의 세월이 흐르면서 유럽은 점차 평화로운 곳이 되었어요. 하지만 유럽을 벗어난 다른 곳은 여전히 가난 때문에 고생하는 사람들이 많았어요. 특히 러시아의 상황은 더욱 심각해서 유럽까지 그들의 얘기가 전해졌어요.

　러시아에서는 1920년 이후 몇 년 동안 수백만 명의 사람들이 굶어 죽었어요. 제1차 세계 대전에 참여하면서 나라는 전쟁에 너무 많은 돈을 썼어요. 나라 안에서도 서로 정권을 갖기 위해 싸움이 일어났어요. 극심한 가뭄까지 더해지자 농작물들은 말라 죽고 사람들이 먹을 곡식이 점점 줄었어요. 에글렌타인은 세이브더칠드런에서 더 이상 유럽의 아이들만 걱정해서는 안 된다고 생각했어요.

"이제 우리는 러시아의 아이들을 위해 기부 활동을 벌여야겠어요."

"공산주의 국가에 원조를 해도 괜찮을까요?"

그 당시 유럽에서는 공산주의에 대해 아주 나쁘게 생각하고 있었어요. 세이브더칠드런을 함께 운영하는 사람들조차 두려워했지요.

"지난번 오스트리아 아이들을 도울 때도 우리는 해냈잖아요. 아이들이 사는 나라가 공산주의를 채택한 것이지, 아이들이 그런 선택을 한 것이 아니잖아요."

"하지만 공산주의 국가를 도와주게 되면 다른 민주주의 국가 사람들의 기부금이 끊길지도 몰라요."

"세이브더칠드런에 기부하는 사람들은 아이들을 사랑하는 분들이에요. 정치 이념 때문에 기부를 멈추지는 않을 거예요."

에글렌타인은 사람들을 설득했어요. 결국 세이브더칠드런은 정치 이념에 상관없이 국제 아동을 위해 일하기로 했어요. 그 첫 번째로 러시아 아이들 30만 명에게 1억 5천만 끼니를 도와주기로 했지요.

에글렌타인은 힘든 아이들이 있는 곳이면 어디든 찾아갔어요. 아이들의 상황을 정확히 알고 도움을 주기 위해서였죠. 그날도 유럽 어느 빈민 지역을 돌아보고 있었어요. 그런데 갑자기 젊은 여인의 날카로운 비명이 쨍 울렸어요. 여인이 곧 사시나무처럼 떨며 말했어요.

"아기가 죽었나 봐요."

에글렌타인은 소리가 나는 곳으로 뛰어갔어요. 사람들이 누군가를 에워싸고 있었어요. 에글렌타인은 사람들 사이를 비집고 안쪽으로 들어갔어요. 낡은 옷을 입은 젊은 여인이 아기를 안고 바들바들 떨고 있었죠. 옆에 서 있던 어떤 아주머니는 앞치마로 눈을 훔쳤고, 다른 아저씨는 젊은 여자를 보지 않으려는 듯 고개를 돌렸어요.

에글렌타인은 용기 내어 그녀 옆으로 다가갔어요.

"무슨 일인가요? 도와드릴게요."

에글렌타인이 아기를 쳐다보며 말했어요. 여인이 쉬고 갈라진 목소리로 대답했어요.

"내가, 내가 그랬어요."

에글렌타인은 너무 놀라 뒷걸음쳤어요. 젊은 여인은 죽은 아이를 안고 울고 있었거든요.

"얼마나 먹을 게 없으면, 산 자식 목숨을 빼앗았겠어요."

어떤 아주머니가 혼잣말처럼 중얼거렸어요.

전쟁이 끝나고 어려운 생활을 참을 수 없었던 엄마들은 가끔 아이와 함께 세상을 떠나는 극단적인 선택을 하곤 했어요. 사람들은 대부분 죽은 아이보다 그렇게 결정할 수밖에 없는 엄마를 더 안타까워했어요.

힘없이 그 자리를 벗어나던 에글렌타인은 하늘을 보며 생각했어요.

"비록 엄마가 자식을 낳았지만, 아기의 목숨을 마음대로 할 수는 없어."

집에 돌아온 에글렌타인은 밤새 생각했어요. 사람들에게 아이들도 사람이며, 인격이 있다는 것을 알려줘야겠다고 결심했지요.

에글렌타인은 책상 위에 하얀 종이를 펼쳤어요. 그리고 가운데 큰 글씨로 또박또박 적었어요.

비록 아기를 낳았더라도 아기의 생명권은 엄마에게 있지 않다.

세계 최초의 아동권리선언문이 만들어진 순간이에요. 지금 우리에게는 너무도 당연한 이야기가 그 당시 사람들에게는 놀라운 이야기였어요. 아이들을 마치 부모의 재산이나 소유물처럼 생각했던 시대니까요.

에글렌타인은 아이들을 위해 반드시 지켜져야 할 것이 무엇인가 생각해 보았어요. 5가지의 기준을 만든 후 세이브더칠드런에서 먼저 지키겠다고 다짐했지요.

마침내 1923년 국제연맹(옛날의 유엔)에서는 에글렌타인이 만든 아동권리선언문을 기초로 해서 다섯 가지 아동권리선언문이 만들어집니다. 그리고 1939년 제네바에서 다시 아이들을 위한 회의가 열렸어요. 1923년에 만들어졌던 선언문에 두 가지를 더해 새로운 아동권리선언문을 발표하기 위해서였어요. 전 세계가 함께 아이들을 보호하자는 다짐이었지요.

안타깝게도 에글렌타인은 제네바 선언이 완성되는 것을 볼 수 없었어요. 1928년 갑자기 세상을 떠났기 때문이에요. 에글렌타인은 평생 결혼도 하지 않고 혼자 살았어요. 비록 자신의 아이를 낳지 않았지만 에글렌타인은 전 세계 아이들의 어머니가 되었어요.

이제 세이브더칠드런이 만들어지고 90년이 넘었어요. 에글렌타인은 돈이 많은 부자도, 큰 권력을 지닌 지도자도, 똑똑한 학자도 아니었지만 어린이를 사랑하는 마음 하나로 세상을 바꾸었어요. 또 1%의 나눔이 얼마나 위대한지 깨닫게 해 주었지요. 에글렌타인의 사랑은 지금까지 세계 아이들의 마음속 깊이 남아 있답니다.

제네바 선언 7항

- 아동은 인종, 국적, 종교적 신념을 초월하여 보호받아야 한다.

- 아동은 가족의 구성원으로서 존중받아야 한다.

- 아동은 그들의 정상적인 발달을 위해서 필요한 물질적, 도덕적, 그리고 정신적 조건을 공급받아야 한다.

- 굶주린 아동은 먹여야 하고 병든 아동은 치료받아야 하며 정신적으로나 신체적으로 장애가 있는 아동은 재활을 위한 교육을 받아야 하고, 고아와 부랑아에게는 안식처를 제공해 주어야 한다.

- 재난이 닥칠 경우 아동이 최우선적으로 구제받아야 한다.

- 아동은 사회 보장 제도와 안전 체계의 혜택을 마음껏 누려야 하며 앞으로 생계를 스스로 꾸려 나갈 수 있도록 적절한 시기에 교육을 받아야 하는 것은 물론 모든 형태의 착취로부터 보호받아야 한다.

- 아동은 그들 개개인의 재능이 인류의 발전을 위해서 쓰여야 한다는 것을 이해하도록 양육되어야 한다.

나눔을 통해 사랑을 이루는 세이브더칠드런

▲ 굶주림에 고통받는 아프리카 아이의 모습

　세이브더칠드런은 어린이를 위해 활동하는 국제 아동 권리 기관이에요. 전 세계의 어린이를 위해 일하는 곳이지요. 1919년 에글렌타인 젭 여사가 처음 만든 후 지금까지 90년이 넘는 기간 동안 꾸준히 활동해 오고 있어요.
　세이브더칠드런이 처음 만들어진 당시는 1차 세계 대전이 막 끝난 다음 이어서 모두 힘들고 어렵게 생활할 때였어요. 특히 어린이들은 제대로 먹지도 못하고 교육도 못 받는 상황이었어요. 세이브더칠드런은 어린이를 한 사람으로서 존중하고 보호해야 한다는 뜻을 사람들에게 널리 알렸어요.
　세이브더칠드런은 전 세계 어린이는 누구나 보호받고 교육을 받아야 한다고 생각했어요. 하지만 세상에 있는 모든 어린이가 행복하고 안정된 환경에 살지는 않아요. 굶주리고 보호받지 못하는 어린이들에게는 도움이 필요하지요.

　영국에서 처음 만들어진 세이브더칠드런은 이제 29개 나라에서 참여하고 있어요. 120개의 사업장에서는 아이들을 위해 교육과 치료, 지원 등 다양한 활동을 해요.

　우리도 종종 지하철이나 거리를 다니다 보면 세이브더칠드런 운동에 함께하자는 캠페인을 볼 수 있는데요, 요즘은 신생아 살리기 모자 뜨기 운동이 활발하답니다.

　세계 어린이 중 200만 명의 아이들이 자기가 태어난 날 죽는다고 해요. 400만 명의 아이들은 한 달을 넘기지 못하고 세상을 떠나고요. 신생아의 죽음을 막는 방법 중 하나가 아이들의 저체온증을 막는 것인데요. 신생아 모자는 아기의 체온을 2도 정도 높일 수 있어요. 따뜻한 털실로 아기 모자를 만들어 아프리카나 아시아 지역에 보내 주고 있어요.

　이처럼 세이브더칠드런의 모든 사업은 자원봉사와 기부로 이루어져요. 무엇보다 나라나 정치 이념 등을 초월한 사랑 나눔이 세이브더칠드런의 가장 큰 특징이에요. 에글렌타인 여사가 그랬던 것처럼 말이지요.

▲ 세이브더칠드런이 하는 일

사랑을 나누는 다양한 기부 단체들

▲ 어린이들을 위한 구호 활동　　　　　　　©shutterstock

　　세이브더칠드런 외에도 다른 사람들을 도와주기 위해 활동하는 다양한 단체와 사람들이 있어요. 대부분 자발적으로 단체를 만들어 봉사를 하는데, 단체의 성격이나 모양이 아주 다양하지요.
　　국가로부터 어떤 간섭도 받지 않고 시민들이 만드는 단체를 NGO(비정부기구)라고 부르는데요. 전 세계에 4만여 개의 NGO가 있다고 해요.
　　정치나 경제, 환경 등을 감시해서 국제 사회나 나라가 올바로 운영되도록 노력하는 단체도 있고요. 박해받거나 탄압받는 사람들을 위해 활동하는 인권 단체들도 있어요. 그중에 많은 NGO들이 봉사 활동에 참여하고 있어요. 특히 국제 사회에서 어느 나라가 재난을 당했을 때 적극적으로 도움을 주는 단체들이 많아요. 세계 오지 여행가로 유명했던 한비야 씨는 월드비전이라는 NGO 단체에서 일하기도 했어요. 유니세프나 굿네이버스는 세이브더칠드런처럼 어린이를 위해 만들어진 국제 단체들이에요.

어떤 회사는 회사의 이익을 위해서가 아니라 사회를 위해 일하기도 해요. 보통 비영리 단체라고 하는데요, 종업원은 있지만 기부금이나 보조금, 회비 등을 걷어서 봉사를 한답니다.

여러 사람이 함께 모임을 만들어 봉사활동을 하기도 하는데, 봉사활동이나 자선 사업을 하기 위해 만들어진 단체를 자선 단체라고 불러요. 양로원이나 고아원 중에는 자선 단체에서 운영하는 곳들이 많아요. 밥퍼나눔운동을 펼치는 다일공동체가 대표적인 자선 단체인데, 벌써 20년 넘게 어려운 사람들을 위해 식사를 제공하고 있답니다. 음식을 만들거나 나눠 주는 일을 돕고 있지요.

또 다른 나눔 이야기

내가 할 수 있는 '1%의 나눔'

재능 기부

내가 갖고 있는 재능으로 봉사하는 것이에요. 재능을 자신만을 위해 쓰는 것이 아니라 다른 사람이나 사회를 위해 쓰는 것이지요. 노래를 잘 부르는 사람은 양로원이나 병원 같은 곳에서 공연을 할 수도 있고요. 예쁜 목소리로 시각 장애인을 위해 책을 읽어 줄 수도 있어요. 의사 선생님이 의료 봉사를 한다거나, 화가가 환경이 나쁜 동네를 예쁘게 꾸며주는 것도 모두 재능 기부예요.

자원봉사

어떤 대가도 받지 않고 사회나 다른 사람을 위해 일하는 것을 말해요. 학교 주변을 청소하거나 장애 친구를 도와주는 일이 모두 자원봉사라고 할 수 있어요. 자신이 원해서 봉사를 한다는 의미로 자원봉사라 부르지만 다른 사람을 위한 행동 모두 자원봉사가 될 수 있어요. 청소년들을 위해서는 청소년 자원봉사 센터가 운영되고 있는데요, 구청이나 시청 홈페이지에서 자원봉사의 손길이 필요한 곳을 쉽게 찾을 수 있어요.

소액 기부

기부라고 하면 부자들만이 하는 것이라고 생각하지만 작은 금액이라도 남을 위해 기꺼이 내놓은 것이 모두 기부예요. 어린이들은 용돈을 아껴서 낼 수 있어요.

기부할 때는 되도록 기간을 정해 놓고 꾸준히 해 주는 게 좋아요. 그래야 도움을 받는 친구들이 안정되게 지원을 받을 수 있기 때문이지요.

봉사와 기부를 할 수 있는 곳

인터넷이 발달하기 전에는 기부나 봉사 활동자를 모으기 위해 거리 캠페인을 많이 벌였어요. 지금도 지하철이나 거리에서 서명을 받거나 사진을 전시해 놓은 것을 종종 볼 수 있어요. 요즘은 인터넷을 통한 캠페인 활동도 활발한데요. 작은 정성이라도 여러분이 함께할 수 있는 일을 찾아볼 수 있답니다.

다일공동체	http://www.dail.org
유니세프	http://www.unicef.or.kr
세이브더칠드런	http://www.sc.or.kr
월드비전	http://www.worldvision.or.kr
1365 자원봉사포털	http://www.1365.go.kr
1365 기부포털	http://www.nanumkorea.go.kr
청소년활동정보서비스	http://www.youth.go.kr
사랑의 열매	http://www.chest.or.kr
아름다운재단	http://www.beautifulfund.org

글 작가 프로필

글 서지원

한양대학교 국문학과를 졸업하고 1989년 「문학과 비평」에 소설로 등단했습니다. 신문사 기자, 벤처 기업 대표, 출판사 편집자를 거쳐 현재 동화 작가로 활발히 글을 쓰고 있습니다. 쓴 책으로는 『착한 소비가 뭐예요?』, 『우리 옷에 숨은 비밀』, 『우리 음식의 숨은 맛을 찾아라』, 『어느 날 우리 반에 공룡이 전학왔다』, 『훈민정음 구출 작전』, 『원더랜드 전쟁과 법의 심판』, 『레 미 제라블』, 『원리를 잡아라! 수학왕이 보인다』, 『개념교과서』, 『토종 민물고기 이야기』, 『귀신들의 지리공부』, 『무대 위의 별 뮤지컬 배우』, 『어린이를 위한 리더십』 등이 있습니다.

글 정우진

서울에서 태어나 단국대학교 국어국문학을 전공했습니다. MBC, EBS 등에서 '뽀뽀뽀', 'TV 속의 TV'를 비롯하여 다양한 교육 프로그램 등의 방송 작가로 활동했습니다. 지은 책으로는 『초등학교 6학년까지는 꼭 알아야 할 우리말 사전』, 『생각이 통하는 상식』, 『정치가 궁금할 때 링컨에게 물어봐』, 『암기왕 단숨에 따라잡기』, 『리더가 되는 자기 계발 동화』 시리즈, 『어린이를 위한 친구 관계의 기술』 등이 있습니다.

글 조선학

서울예술대학교 극작을 전공하고 기자와 편집자 등으로 활동했습니다. 1995년 대화출판사에서 주최한 스토리 공모전에서 〈혼자가 아닌 둘이서〉라는 소설로 행복상을 수상하고 작가로 데뷔했습니다. 지은 책으로는 『일주일 만에 끝내는 교과서』 등이 있습니다.

글 유시나

대학교에서 문예창작을 공부했고, 잡지 기자와 어린이 책 편집자를 거쳐 동화 작가가 되었습니다. 동화 쓸 때가 가장 신나고 재미있고, 언제나 아이들의 입맛에 딱 맞는 톡톡 튀고 재기발랄한 글을 쓰기 위해 노력한답니다. 지금까지 참여한 책은 『일주일 만에 끝내는 수학 교과서』, 『일주일 만에 끝내는 국어 교과서』, 『공자』 등이 있습니다.

그림 작가 프로필

그림 박정인

서울대학교 디자인학부에서 그림도 그리고 만들기도 하고 공부도 했어요. 아낌없이 주는 나무와 어린왕자 같이 따뜻하고 마음을 움직이는 그림책을 그리기 위해 오늘도 부지런히 펜과 종이를 들고 씨름하고 있는, 재미있고 동그란 일러스트레이터랍니다. 그린 책으로는 『착한 소비가 뭐예요?』, 『동갑인데 세배를 왜 해?』, 『유쾌한 기호 이야기』, 『세계 5대 건강 음식 우리 김치 이야기』, 『열두 살, 192센티』, 『지구촌 사람들의 별난 건축 이야기』 등이 있어요.

그림 박연옥

이야기의 주인공처럼 가방이며 옷이며 언니의 것을 물려받을 때마다 툴툴거리던 제 모습이 생각 나 작업하는 내내 배시시 웃음이 났어요. 작품으로는 『아홉 살 선생님』, 『햄버거가 뚝!』, 『산소가 뚝!』, 『주인공은 나뿐이야』, 『글쓰기 대소동』 등이 있습니다.

그림 안준석

미대 회화과를 졸업하고 출판미술협회 회원으로 프리랜서 작가로 활동하고 있습니다. 『토리 이야기』, 『생각하는 초콜릿나무』, 『전래 명작』 등 다양한 작품을 그렸습니다. 이 책에서는 수채화과슈·콜라쥬를 사용해 그림을 그렸으며 아이들에게 언제나 꿈과 희망을 주는 책을 그리고 있습니다.

그림 성낙진

미술 교육과 디자인을 전공하고 프리랜스 일러스트레이터로 활동하고 있습니다. 대한교과서, 능률교육, 비상교육, 천재교육 등의 교과서 및 다양한 학습 서적과 패션지, 광고, 전시 등 다방면으로 활동 영역을 넓혀 가고 있습니다.

세상을 움직이는 행복한 나눔